Los mejores cuentos de Clarín

Leopoldo Alas «Clarín»

LOS MEJORES CUENTOS DE CLARÍN

A pesar de haber puesto el máximo cuidado en la redacción de esta obra, el autor o el editor no pueden en modo alguno responsabilizarse por las informaciones (fórmulas, recetas, técnicas, etc.) vertidas en el texto. Se aconseja, en el caso de problemas específicos —a menudo únicos— de cada lector en particular, que se consulte con una persona cualificada para obtener las informaciones más completas, más exactas y lo más actualizadas posible. EDITORIAL DE VECCHI, S. A. U.

© Editorial De Vecchi, S. A. 2018
© [2018] Confidential Concepts International Ltd., Ireland
Subsidiary company of Confidential Concepts Inc, USA
ISBN: 978-1-64461-051-0

Introducción

Reseña biográfica

Leopoldo Alas Ureña, conocido más popularmente con el seudónimo de «Clarín», nació en Zamora en 1852, y murió en Oviedo, en 1901. El corto periodo que abarca su vida —tan sólo cuarenta y nueve años— le bastó para dejarnos una extensa producción literaria que lo convertiría en uno de los representantes más destacados de la literatura realista española del siglo XIX.

Aunque nace en Zamora, donde su padre ejercía por aquella época de gobernador civil, sus verdaderas raíces las siente asturianas, y así lo ha manifestado en más de una ocasión en sus escritos. Después de vivir una temporada en León, debido al trabajo de su padre, la familia se traslada por fin a Oviedo, cuando Clarín tenía siete años; es en esta ciudad donde van a transcurrir las etapas más largas y decisivas de su existencia, y donde halla los motivos literarios más representativos y que mejor identifican ciertos aspectos importantes de su obra. Entre 1860 y 1863, mientras estudia el Bachillerato en el Instituto de Oviedo, conoce a los que serán a partir de entonces grandes amigos suyos y colaboradores ocasionales en alguna empresa literaria: Armando Palacio Valdés, Tomás Tuero y Pío Rubín.

Ya desde muy joven, Leopoldo Alas muestra un gran interés por el teatro y el periodismo, uno de los géneros literarios que experimenta mayor evolución en sus contenidos y formas a lo largo del siglo XIX. Esta afición suya se manifiesta básicamente en la dirección, con dieciséis años, de su propio semanario manuscrito, que titula *Juan Ruiz*.

En 1868, durante la Revolución de Septiembre, se despierta en él un interés nuevo por los acontecimientos políticos que lo llevarán a adoptar las ideas republicanas y a defenderlas ya durante el resto de su vida. En la Universidad de Oviedo, en la que más tarde será catedrático, estudia derecho y obtiene su licenciatura en 1871, trasladándose en octubre de ese mismo año a Madrid para proseguir sus estudios en la rama de filosofía y letras, y doctorarse en leyes.

Parece que la agitada vida de la capital no es del agrado del escritor, aunque ciertamente su estancia le va a resultar reveladora y muy productiva. Allí será donde por primera vez tome contacto con los círculos intelectuales de los krausistas, que extendían su influencia entre los jóvenes liberales que frecuentaban la universidad y el Ateneo madrileño y propugnaban la aplicación de sus postulados fundamentalmente en el terreno de la pedagogía. Las ideas de un republicanismo laico y de reforma universitaria calaron con fuerza en la inquieta mente de Leopoldo Alas, y le llevaron a descubrir nuevas realidades. Ante Clarín se revela entonces un mundo cultural de una riqueza inmensa más allá de nuestras fronteras, así como las posibilidades literarias de la novela y el alcance de un periodismo crítico. Entonces decide darse a conocer como periodista en diversas publicaciones radicales de la capital, y en abril de 1875 firma su primer artículo con el seudónimo Clarín en el periódico madrileño *El Solfeo*, el cual también le publicará su primer cuento, *Estilicón*, en 1876.

En 1878 consigue doctorarse en derecho y gana unas oposiciones a la cátedra de economía y estadística de la Universidad de Salamanca, pero su reputación de joven rebelde, que había llegado hasta los recintos ministeriales, hizo que el ministro de Fomento se inclinara por el opositor que ocupaba el segundo lugar y le fuera denegada a él la plaza. Esta injusticia de la que fue objeto constituyó uno de los amargos episodios de la vida del escritor en la capital; dos años más tarde sería nombrado catedrático de la misma asignatura, pero esta vez en la Universidad de Zaragoza. Hasta que se incorpora a su puesto en Zaragoza había publicado *Solos de Clarín* y *La literatura en 1881*, este último ensayo en colaboración con su amigo Armando Palacio Valdés.

En 1882 contrae matrimonio con Onofre García Argüelles, con la que tendrá tres hijos: Leopoldo, Adolfo y Elisa. Al año siguiente de su boda le es concedido el traslado a la Universidad de Oviedo, y allí se inicia el periodo de creación literaria más afortunado del escritor: su primer fruto es la célebre novela *La Regenta*, cuyo primer volumen aparecerá en 1884, y el segundo, en 1885. Mientras, en la cabeza de Clarín se forjan numerosos proyectos de novelas, a la vez que mantiene sus colaboraciones con publicaciones periódicas. Sin embargo, de todas esas novelas que proyecta, y de las que conocemos sus títulos gracias a su correspondencia personal, sólo llega a ver la luz *Su único hijo*, que será publicada en 1890 y que fue concebida como primera parte de una trilogía compuesta por *Una medianía, Juanito Reseco* y *Sperain-*

deio, de las que únicamente se conocen fragmentos publicados en forma de relatos cortos.

Sus artículos de esta época, publicados todos con el título genérico de «Palique» en la revista *Madrid Cómico*, alcanzan una gran popularidad; también cultiva formas muy variadas de crítica, a las que él denomina *folletos, solos, paliques, ensayos...*

En 1886, Clarín decide viajar nuevamente a Madrid, pero el complejo panorama político que caracteriza la Restauración lo conduce, ahora definitivamente, a su querida ciudad de Oviedo. Allí se dedicará a sus tareas de docencia en la universidad y proseguirá su actividad literaria, que a partir de 1892, año en el que se publican sus relatos *Doña Berta, Cuervo* y *Superchería*, pierde algo de calidad.

Este hecho coincide con el interés creciente que muestra por las cuestiones filosóficas de corte espiritualista, y su alejamiento progresivo de las cuestiones puramente literarias, y forma parte de la evolución personal e íntima del autor. Las inquietudes religiosas de su más temprana adolescencia, que después parecen ocultarse bajo la influencia del pensamiento krausista, cobran en su madurez una nueva fuerza, siempre al margen del catolicismo oficial. Sin embargo, Clarín no abandonaría nunca las opiniones y la crítica actitud que había sostenido hasta el momento ante la sociedad de su época, y buena prueba de ello son los artículos políticos que sigue publicando durante los últimos años de su vida, hasta su muerte en el año 1901.

Su época

Leopoldo Alas se mostró en todas sus actitudes como un hijo de su tiempo, al que no se le escapa la importancia de los acontecimientos históricos que tienen lugar en España durante el periodo de efervescencia y cambios sociales que le toca vivir. A pesar de que vive la mayor parte de su vida en Oviedo, no es ajeno a la evolución de la política española, sino que, todo lo contrario, aprovecha sus excelentes dotes literarias para dejar constancia de sus opiniones a través de sus artículos. Su participación activa y comprometida en la vida cultural, que especialmente en esos momentos no puede disociarse de lo que ocurre en el escenario político nacional, le supone más de un quebradero de cabeza. Concretamente, en este sentido podemos recordar que le fue negada la cátedra que había obtenido por méritos propios al aprobar las oposiciones, debido a su mala prensa entre los conservadores.

En la segunda mitad del siglo XIX la sociedad española experimenta profundos cambios en su estructura y mentalidad. La burguesía parece instalarse como clase dominante, e impone sus ideas conservadoras y pragmáticas, frente a las ideas radicales y la fuerza que habían tenido los liberales desde principios de siglo.

A raíz de la Constitución de 1845 la monarquía va cobrando fuerza, e incluso obtiene el apoyo de la Iglesia en 1851, cuando se pactan ciertas cuestiones que deberán dejar zanjado el episodio sucedido en 1837 con la desamortización eclesiástica efectuada por Mendizábal y que constituyó una pieza clave en la revolución liberal.

El desarrollo de la industria y de los medios de comunicación y transporte que se da en esta época no evita el desencanto entre las clases menos favorecidas, sobre todo entre el campesinado, que inicia su éxodo hacia las zonas industrializadas y toma contacto allí por primera vez con las teorías sociales procedentes de Europa. De este modo, aparecen los movimientos proletarios, que declaran la lucha abierta al sistema político en el poder. La consecuencia lógica del descontento instalado no sólo entre las filas del nuevo proletariado, sino también en los núcleos progresistas e incluso entre los propios moderados, será la revolución de 1868, llamada *La Gloriosa*; todos estos grupos de oposición se unen en la reivindicación de un sistema democrático y el sufragio universal.

La revolución constituyó un triunfo liberal, que comprende cuatro momentos importantes: el gobierno provisional del general Prim, la monarquía de Amadeo I de Saboya durante dos años, la instauración de la I República (de cortísima vida), y, finalmente, el gobierno provisional del general Serrano.

Ciertamente, aunque durante este periodo se logran importantes libertades tanto de orden político como social, las tensiones que se avivan con la propaganda difundida de la *I Internacional de trabajadores,* presidida por las ideas de Marx y Bakunin, el resurgimiento del carlismo y los hechos que originan el primer enfrentamiento en Cuba son los acontecimientos que deciden un cambio. El deseo de restablecimiento de un orden impone la restauración de la monarquía proyectada por Cánovas del Castillo.

En 1874, Alfonso XII es proclamado rey y se abre un periodo de paz y desarrollo económico hasta su muerte, en 1885. Es entonces cuando su viuda, María Cristina, asume la regencia en tanto que su hijo, Alfonso XIII, no alcance su mayoría de edad. Esta etapa está caracterizada por una voluntad democratizadora en la figura de Sagasta, que fracasará por el problema del caciquismo electoral. Tampoco la segunda guerra de Cuba ni la paz de París, firmada en 1898 —en la que se determina el fin de lo que había sido el imperio español en ultramar—, contribuyen a la pacificación de los ánimos exaltados del país.

El complejo cuadro político y social que describe la época de Clarín tiene su lógica repercusión en el mundo de las artes, que abandonarán las tendencias románticas e idealistas propias de la primera mitad del siglo para centrarse en una visión más inmediata y objetiva de la realidad.

El Realismo en España

La nueva corriente literaria que hará su aparición hacia 1850 y dominará el panorama de las artes y la literatura durante la segunda mitad del siglo XIX será el Realismo, del que Clarín es uno de los más legítimos representantes en nuestro país.

El realismo literario no es una fórmula absolutamente novedosa en España, ya que la técnica de una descripción detallada de situaciones y personajes es empleada con maestría en la literatura del Siglo de Oro y, más tarde, es recuperada en el género costumbrista que cultivan algunos de los representantes más destacados del movimiento romántico. Encontramos, pues, una importante tradición dentro de la propia literatura española, tradición que volverá a florecer con gran fuerza apoyada por la influencia de autores como Balzac (1799-1850) y Stendhal (1783-1842) —considerados como los grandes maestros del Realismo europeo— e impulsada por la dinámica que siguen los acontecimientos políticos y sociales en nuestro país, dando paso a uno de los momentos de mayor esplendor de nuestra literatura.

Sería un error pensar que el Realismo constituye una ruptura radical con el Romanticismo que ocupa, principalmente, a los autores de la primera mitad de siglo; como ya se ha señalado, son muchos los autores románticos que aplican las descripciones realistas en sus *cuadros de costumbres* de la sociedad de su época. Pero lo que sí es cierto es que los nuevos tiempos exigen a la literatura otros contenidos distintos a subjetivismo e idealismo (pilares sobre los que se sostienen los románticos). Las aspiraciones al ideal romántico, que crea un mundo de sueños y angustia vital, se ven barridas por una exigencia de objetividad y afán crítico. La nueva actitud ante la realidad impone un método de observación rigurosa de lo cotidiano, frente al gusto por la evocación de un pasado histórico o de paisajes exóticos que desarrollaban los románticos.

La descripción exacta de hechos y el análisis psicológico de los motivos que mueven a los personajes constituyen las coordenadas en las que se sitúa la literatura realista. También debe hablarse de una intención crítica, ya sea social o moral, por la que se intentan desvelar a los ojos del lector las actitudes que son deseables, frente a las que no lo son. Haciendo referencia al estilo, podemos destacar el alejamiento del clima sentimental y apasionado que crean los románticos a través del uso de la poesía o, en la prosa, de un lenguaje a veces demasiado retórico; el autor realista busca la sobriedad de la prosa y su adaptación rigurosa al carácter de cada personaje, por lo que no debe extrañarnos que en ocasiones recurran a expresiones y giros propios del lenguaje coloquial.

Los escritores que mejor definen a través de sus obras los rasgos esenciales del Realismo español son, sin lugar a dudas, Valera, Galdós y Clarín. La novela de Valera, *Pepita Jiménez* (1874), junto con *Fortunata y Jacinta* (1886-

1887), de Benito Pérez Galdós, y *La Regenta* (1884-1885), de Leopoldo Alas Clarín, marcan el momento cumbre de la literatura realista en España. Estos, y otros de los autores representativos que después citaremos, se interesaron por la prosa realista de los grandes maestros europeos. La *Comedia humana,* de Balzac, o *Rojo y negro,* de Stendhal, junto con *Madame Bovary,* de Flaubert, fueron los modelos franceses que más admiración despertaron entre nuestros escritores. La influencia inglesa se deja sentir de la mano de las tiernas y a la vez lúcidas descripciones de las clases humildes que aparecen en la obra de Dickens, y también los novelistas rusos Dostoievski y Tolstoi gozan de la merecida consideración.

Pero los novelistas españoles, lejos de ajustarse rigurosamente a la prosa de esos modelos, desarrollan un modo de decir propio, inspirado fundamentalmente en las tierras y la realidad españolas. Así, mientras Valera muestra sus preferencias por los ambientes andaluces, Galdós lo hará por la vida madrileña y Clarín se situará mayormente en tierras asturianas.

Otras de las figuras importantes de la época son Cecilia Böhl de Faber (1796-1877), más conocida por el seudónimo de Fernán Caballero, y Pedro Antonio de Alarcón (1833-1906), que constituyen los elementos de transición desde el Romanticismo hacia el Realismo. Ya en pleno Realismo se sitúan José María de Pereda (1833-1906) y Armando Palacio Valdés (1853-1937), amigo de la infancia de Clarín y que, al igual que él, es un apasionado de Asturias. Por último, cabe citar a Vicente Blasco Ibáñez (1867-1928), aunque son muchos los que prefieren considerarlo como representante del Naturalismo inspirado en el francés Émile Zola o vincularlo a la generación del 98.

Su obra

La personalidad literaria de Leopoldo Alas está fundamentada en una amplia obra que abarca diferentes géneros. Su voluntad de análisis de la realidad lo condujo no sólo por los caminos de la novela, sino también por los del relato breve, el artículo periodístico y el ensayo. Nos encontramos, pues, ante una obra que comprende facetas muy diferentes, y en todas ellas Clarín se reveló como el autor que bien merece el reconocimiento que se le rinde en la actualidad.

Sus primeras inquietudes literarias se manifiestan, cuando sólo cuenta dieciséis años, en la dirección del periodismo, y se plasman en un semanario individual y manuscrito al que titula *Juan Ruiz*. Pero será en Madrid donde empiece a interesarse de un modo más consciente y profesional en el alcance de la labor crítica a través de los artículos de prensa. Así, tras el fracaso de la revista *Rabagás* que se proponía sacar adelante con la ayuda de sus amigos de Oviedo, Tuero, Rubín y Palacio Valdés, empieza a trabajar para *El Solfeo* de Madrid, donde por primera vez utilizará el seudónimo de Clarín. Será en esta publicación donde aparezca en 1881 una recopilación de ensayos críticos y algunos cuentos con el nombre de *Solos de Clarín*. Otras publicaciones en las que colaborará a lo largo de su vida son: *La Unión, El Imparcial, Madrid Cómico* (todas ellas de Madrid;) en Barcelona, aparecerán escritos suyos en *La Ilustración Ibérica,* y en Asturias trabajará para la *Revista de Asturias, Ecos del Nalón* y *El Carbayón*. Sus artículos mostrarán en ocasiones una clara intención satírica, y en otras, abordarán con mayor detenimiento aspectos básicos de la política y la literatura.

Pero, ciertamente, toda la labor periodística, e incluso sus cuentos y relatos, parecen quedar eclipsados por sus novelas. Concretamente, *La Regenta* (1884-1885) ha sido considerada como la obra que eleva la figura de Clarín a exponente destacado de la literatura realista española, dejando un poco inmerecidamente al margen el resto de su producción. En *La Regenta,* el autor deja constancia de su capacidad de penetración psicológica en las figuras de los personajes centrales y nos ofrece a través de sus páginas la lúcida visión de una sociedad provinciana de finales del siglo XIX, que no es otra que la de su querida ciudad de Oviedo, aunque en la novela adopte el nombre de *Vetusta*.

La segunda novela que escribió Clarín fue *Su único hijo* (1890); en ella prosigue su línea de investigación psicológica de los personajes.

Finalmente, tenemos que hablar de Clarín como autor de relatos breves. Clarín manifestó a través de sus artículos la importancia de este género, y remarcó su dificultad, frente a la opinión generalizada en el siglo XIX —y aún en nuestros días— de que se trata de un género menor. Pero la mejor defensa que pudo hacer del cuento y del relato breve fue la publicación entre 1876 y 1889 de una serie de títulos merecedores de figurar entre las piezas narrativas más destacables de la literatura del siglo XIX: *Pipá* (1866), en la que figuran nueve relatos; *Doña Berta. Cuervo. Superchería* (1892); *El Señor y lo demás son cuentos* (1893), que comprende trece narraciones; *Cuentos morales* (1896), que cuenta con veintiocho relatos, y *El gallo de Sócrates* (1901), recopilación de quince narraciones.

Esta edición

La presente edición no está guiada por la intención de realizar un riguroso seguimiento cronológico o temático de los, aproximadamente, cien relatos breves que forman parte de la obra narrativa que nos dejó Clarín, sino que está fundada en unos criterios de selección mucho más amplios. Somos conscientes de la dificultad, y quizá la inexactitud, que implica el englobar los escritos que hemos elegido bajo el término genérico de *cuentos*, puesto que algunos de ellos se aproximan por su composición, e incluso por su extensión, a lo que se entiende por novela corta. Finalmente, hemos creído que este no era argumento suficiente para privar al lector del placer de leer composiciones tan afortunadas y representativas de la obra de Clarín como, por ejemplo, *Doña Berta*.

Ante todo, hemos querido recoger la variedad de temas y la riqueza de recursos estilísticos que el autor despliega en la totalidad de sus relatos, y para ello hemos elegido una serie de narraciones que, en su conjunto, creemos que reflejan adecuadamente esta idea.

En cada uno de estos relatos podemos descubrir diversos elementos que nos acabarán definiendo el carácter del mundo literario de Clarín. De ellos podemos deducir fácilmente la marcada presencia de rasgos autobiográficos, como son su amor por la tierra asturiana o su temor a la ceguera, así como la voluntad crítica con que el autor se enfrenta a un tema tan comprometido como es el religioso. En su intento de abarcar el complejo entramado de elementos que constituyen la realidad nos aproxima a la psicología de personajes muy diferentes: algunos, tiernos y vitalistas; otros, intelectuales acérrimos. Y, al describirnos las relaciones existentes entre ellos, surge el tema de la soledad, analizada desde diferentes perspectivas, y la íntima convicción de la necesidad de aislamiento para intentar comprender la naturaleza y los motivos que impulsan al ser humano.

Doña Berta

I

Hay un lugar en el norte de España adonde no llegaron
nunca ni los romanos ni los moros; y si doña Berta de
Rondaliego, propietaria de este escondite verde y silencioso, supiera algo más de historia, juraría que jamás
Agripa, ni Augusto, ni Muza, ni Tarick habían puesto la
osada planta sobre el suelo, mullido siempre con tupida
hierba fresca, jugosa, oscura, aterciopelada y reluciente,
de aquel rincón suyo, todo suyo, sordo, como ella, a los
rumores del mundo, empaquetado en verdura espesa de
árboles infinitos y de lozanos prados, como ella lo está en
franela amarilla, por culpa de sus achaques.

Pertenece el rincón de hojas y hierbas de doña Berta a
la parroquia de Pie del Oro, concejo de Carreño, partido
judicial de Gijón; y dentro de la parroquia se distingue el
barrio de doña Berta con el nombre de Zaornín, y dentro
del barrio se llama Susacasa la hondonada frondosa, en
medio de la cual hay un gran prado que tiene por nombre Aren. Al extremo noroeste del prado pasa un arroyo
orlado de altos álamos, abedules y cónicos *humeros* de

hoja oscura, que comienza a rodear en espiral el tronco desde el suelo, tropezando con la hierba y con las flores de las márgenes del agua.

El arroyo no tiene allí nombre, ni lo merece, ni apenas agua para el bautizo; pero la vanidad geográfica de los dueños de Susacasa lo llamó desde siglos atrás el *río*, y los vecinos de otros lugares del mismo barrio, por desprecio al señorío de Rondaliego, llaman al tal río el *regatu*, y lo humillan cuanto pueden, manteniendo incólumes capciosas servidumbres que atraviesan la corriente del cristalino huésped fugitivo del Aren y de la *llosa*; y la atraviesan ¡oh sarcasmo! sin necesidad de puentes, no ya romanos, pues queda dicho que por allí los romanos no anduvieron; ni siquiera con puentes que fueran troncos huecos y medio podridos, de verdores redivivos al contacto de la tierra húmeda de las orillas. De estas servidumbres tiranas, de ignorado y sospechoso origen, democráticas victorias sancionadas por el tiempo, se queja amargamente doña Berta, no tanto porque humillen el río, cruzándole sin puente (sin más que una piedra grande en medio del cauce, islote de sílice, gastado por el roce secular de pies desnudos y zapatos con tachuelas), cuanto porque marchitan las más lozanas flores campestres y matan, al brotar, la más fresca hierba del Aren fecundo, señalando su verdura inmaculada con cicatrices que lo cruzan como bandas un pecho; cicatrices hechas a patadas. Pero dejando estas tristezas para luego, seguiré diciendo que más allá y más arriba, pues aquí empieza la cuesta más allá del *río* que se salta sin puentes ni vados, está la *llosa*, nombre genérico de las vegas de maíz que reúnen tales y cuales condiciones, que no hay para qué puntualizar ahora; ello es que cuando las cañas crecen, y sus hojas, lanzas flexibles, se columpian ya sobre el tallo, inclinadas en graciosa curva, parece la llosa verde mar agitado por las brisas. Pues a la otra orilla de ese mar está el *palacio*, una casa blanca, no muy grande, solariega de los Rondaliegos, y ella y su corral, *quintana*, y sus dependencias que son: capilla, pegada al palacio, lagar (hoy convertido en pajar), hórreo de castaño con pies de piedra, *pegollos*, y un palomar blanco y cuadrado, todo aquello junto, más una cabaña con honores de casa de labranza, que hay en la misma falda de la loma en que se apoya el *palacio*, a treinta pasos del mismo; todo eso, digo, se llama *Posadorio*.

II

Viven solas en el *palacio* doña Berta y Sabelona. Ellas y el *gato*, que, como el arroyo de Aren, no tiene nombre porque es único, el *gato*, su género. En la casa de labor vive el *casero*, un viejo, sordo como doña Berta, con una hija casi imbécil que, sin embargo, le ayuda en sus faenas como un gañán forzudo, y un criado, zafio siempre, que cada pocos días es otro; porque el viejo sordo es de mal genio, y despide a su gente por culpas leves. La *casería* la lleva a medias. Aun entera valdría bien poco; el terreno tan verde, tan fresco, no es de primera clase, produce casi nada: doña Berta es pobre, pero limpia, y la dignidad de su señorío casi imaginario consiste en parte en aquella pulcritud que nace del alma. Doña Berta mezcla y confunde en sus adentros la idea de limpieza y la de soledad, de aislamiento; con una cara de pascua hace la vida de un *muni...* que hilara y lavara la ropa, mucha ropa, blanca. En casa, y que amasara el pan en casa también. Se amasa cada cinco o seis días; y en esta tarea, que pide músculos más fuertes que los suyos y aun los de la decadente Sabel, las ayuda la imbécil hija del *casero*; pero hilar, ellas solas, las dos viejas; y cuidar de la colada, en cuanto vuelve la ropa del río, ellas solas también. La puerta de arriba se cubre de blanco con la ropa puesta a secar, y desde la caseta del recuesto, que todo lo domina, doña Berta, sorda, callada, contempla risueña y dando gracias a Dios, la nieve de lino inmaculado que tiene a los pies, y la verdura que también parece lavada, que sirve de marco a la ropa, extendiéndose por el bosque de casa, y bajando hasta la llosa y hasta el Aren; el cual parece segado por un peluquero muy fino, y casi tiene aires de una persona muy afeitada, muy jabonada y muy olorosa. Sí. Parece que le cortan la hierba con tijeras y luego lo jabonan y lo pulen: no es llano del todo, es algo convexo, se hunde misteriosamente allá hacia los *humeros*, al besar el arroyo; y doña Berta mil veces deseó tener manos de gigante, de un *día de bueyes* cada una, para pasárselas por el lomo al Aren, ni más ni menos que se las pasa al *gato*. Cuando está de mal humor, sus ojos, al contemplar el prado, se detienen en las dos sendas que lo cruzan; manchas infames, huellas de la plebe, de los malditos destripaterrones que, por envidia, por moler, por pura malicia, mantienen sin necesidad, sin por qué ni para qué, aquellas servidumbres públicas, deshonra de los Rondaliegos.

Por aquí no se va a ninguna parte; en Zaornín se acaba el mundo; por Susacasa jamás atravesaron cazadores, ejércitos, bandidos, ni pícaros delincuentes; carreteras y ferrocarriles quédanse allá lejos; hasta los caminos vecinales pasan haciendo respetuosas eses por los confines de aquella mansión embutida en hierba y follaje; el rechino de los carros se oye siempre lejano, doña Berta ni lo oye... y los empecatados vecinos se empeñan en turbar tanta paz, en manchar aquellas alfombras con senderos que parecen la podre de aquella frescura, senderos en que dejan las huellas de los zapatones y de los pies desnudos y sucios, como grosero sello de una usurpación del dominio absoluto de los Rondaliegos. ¿Desde cuándo puede la chusma pasar por allí? «Desde tiempo inmemorial», han dicho cien veces los testigos. «¡Mentira!, replica doña Berta. ¡Buenos eran los Rondaliegos de antaño para consentir a los sarnosos marchitarles con los calcaños puercos la hierba del Aren!». Los Rondaliegos no querían nada con nadie, se casaban unos con otros, siempre con parientes, y no mezclaban la sangre ni la herencia; no se dejaban manchar el linaje ni los prados. Ella, doña Berta, no podía recordar, es claro, desde cuándo había sendas públicas que cruzaban sus propiedades; pero el corazón le daba que todo aquello debía de ser desde la caída del antiguo régimen, desde que había liberales y cosas así por el mundo.

«Por aquí no se va a ninguna parte, este es el finibusterre del mundo», dice doña Berta, que tiene caprichosas nociones geográficas; un mapamundi homérico, por lo soñado; y piensa que la tierra acaba en punta, y que la punta es Zaornín, con Susacasa, el prado Aren y Posadorio.

«Ni los moros ni los romanos pisaron jamás la hierba del Aren», dice ella un día y otro día a su fidelísima Sabelona (Isabel grande), criada de los Rondaliegos desde los diez años, y por lo cual tampoco pasaron moros ni cristianos, pues aún es tan virgen como la parió su madre, y hace de esto setenta inviernos.

«¡Ni los moros ni los romanos!», repite por la noche doña Berta, a la luz del candil, junto al rescoldo de la cocina, que tiene el hogar en el suelo; y Sabelona inclina la cabeza, en señal de asentimiento, con la misma credulidad ciega con que poco después repite arrodillada los *actos de fe* que su ama va recitando delante. Ni doña Berta ni Isabel saben de romanos y moros cosa mayor, fuera de aquella noticia negativa de que nunca pasaron por allí; tal vez no tienen seguridad completa de la total ruina del Imperio de Occidente ni de la toma de Granada, que doña Berta, al fin más versada en ciencias humanas, confunde un poco con la gloriosa guerra de África, y especialmente con la toma de Tetuán: de todas suertes, no creen ni una ni otra tan remotas, como lo son, en efecto, las respectivas dominaciones de agarenos y romanos; y en definitiva, romanos y moros vienen a representar para ambas, como en símbolo, todo lo extraño, todo lo lejano, todo lo enemigo; y así, cuando algún raro interlocutor osó decirles que los franceses tampoco llegaron jamás, ni había para qué, a Susacasa, ellas se encogieron de hombros, como diciendo: «Bueno, todo eso quiere decir lo de moros y romanos». Y es que esta manía, hereditaria de los Rondaliegos, le viene a doña Berta de tradición anterior a la invasión francesa.

III

¡Ay, los liberales! Esos sí habían llegado a Posadorio. Se ha hablado antes de la virginidad intacta de Sabelona. El lector habrá supuesto que doña Berta era viuda, o que su virtud se callara por elipsis. Virtuosa era..., pero virgen no; soltera sí. Si Sabel se hubiera visto en el caso de su ama, no estaría tan entera. Bien lo comprendía, y por eso no mostraba ningún género de superioridad moral respecto de su señora. Había sido una desgracia, y bien cara se había pagado, desgracia y todo. Eran los Rondaliegos cuatro hermanos y una hermana, Berta. Huérfanos desde niños. El mayorazgo, don Claudio, hacía de padre. La limpieza de la sangre era entre ellos un culto. Todos buenos, afables, como Berta, que era una sonrisa andando, hacían obras de caridad..., desde lejos. Temían al vulgo, a quien amaban como hermano en Cristo, no en Rondaliego; su soledad aristocrática tenía tanto de ascetismo risueño y resignado, como de preocupación de linaje. La librería de la casa era símbolo de esas tendencias; apenas había allí más que libros religiosos, de devoción recogida y desengañada, y libros de blasones; por todas partes la cruz; y el oro, y la plata, y los gules de los escudos estampados en vitela. Un Rondaliego, tres o cuatro generaciones atrás, había aparecido muerto en un bosque, en la Matiella, a media legua de Posadorio, asesinado por un vecino, según todas las sospechas. Desde entonces toda la familia guardaba la espalda hasta al repartir limosna. El mayor pecado de los Rondaliegos era pensar mal de la plebe a quien protegían. Por su parte, los villanos, tal vez un día dependientes de Posadorio, recogían con gesto de humillación servil los beneficios, y a solapo se burlaban de la decadencia de aquel señorío, y mostraban, siempre que no hubiese que dar la cara, su falta de respeto en todas las formas posibles. Para esto, los ayudaban un poco las nuevas leyes, y la nueva política especialmente. El símbolo de las libertades públicas (que ellos no llamaban así, por supuesto) era para los vecinos de Pie del Oro el desprecio creciente a los Rondaliegos, y la sanción legal que a tal desprecio los alentaba, mediante recargo de contribución al distribuirse la del concejo, trabajo forzoso y desproporcionado en las sextaferias, abandono de la policía rural en los límites de Zaornín, y singularmente de

Susacasa, con otros cien alfilerazos disimulados, que iban siempre a cuenta del ayuntamiento, de la ley, de los nuevos usos, de los pícaros tiempos.

En cuanto al despojo de fruta, hierba, leña, etc., ya no se podía culpar directamente a la ley, que no llegaba a tanto como autorizar que se robase de noche y con escalamiento a los Rondaliegos; pero si no la ley, sus representantes, el alcalde, el juez, el pedáneo, según los casos, ayudaban al vecindario con su torpeza y apatía, que no les consentían tropezar jamás con los culpables. Todo esto había sido años atrás; la buena suerte de los Rondaliegos fue la esquivez topográfica de su dominio: si su carácter, el de la familia, los alejaba del vulgo, la situación de su casa también parecía una huida del mundo; los pliegues del terreno y las espesuras del contorno, y el no ser aquello *camino para ninguna parte*, fueron causa del olvido que, con ser un desprecio, era también la paz anhelada. «Bueno, se decían para sus adentros *los hermanos* de Posadorio; *el siglo*, el populacho aldeano nos desprecia, y nosotros a él; en paz». Sin embargo, siempre que había ocasión, los Rondaliegos ejercían su caridad por aquellos contornos.

Todos los hermanos permanecían solteros; eran fríos, apáticos, aunque bondadosos y risueños. El ídolo era el honor limpio, la sangre noble inmaculada. En Berta, la hermana, debía estar el santuario de aquella pureza. Pero Berta, aunque de la misma apariencia que sus hermanos, blanca, gruesa, dulce, reposada de gestos, voz y andares, tenía dentro ternuras que ellos no tenían. El hermano segundo, algo literato, traía a casa novelas de la época, traducidas del francés. Las leían todos. En los varones no dejaban huellas; en Berta hacían estragos interiores. El romanticismo, que en tantos vecinos y vecinas de las ciudades y villas era pura conversación, a lo más pretexto para viciucos, en Posadorio tenía una sacerdotisa verdadera, aunque llegaba hasta allí en ecos de ecos, en folletines apelmazados. Jamás pudieron sospechar los hermanos la hoguera de idealidad y puro sentimentalismo que tenían en Posadorio. Ni aun después de la *desgracia* dieron en la causa de ella, pensando en el romanticismo; la atribuyeron al azar, a la ocasión, a la traición, que culpa tuvieron también; tal vez el peor pensado llegó hasta pensar en la concupiscencia, que por parte de Berta no hubo; sólo no se acordó nadie del amor inocente, de un corazón que se derrite al contacto del fuego que adora. Berta se dejó engañar con todas las veras de su alma. La historia fue bien sencilla; como la de sus libros: todo pasó lo mismo. Llegó *el capitán*, un capitán de los *cristinos*; venía herido; fugitivo; cayó desmayado delante de la portilla de la quinta; ladró el perro; llegó Berta, vio la sangre, la palidez, el uniforme, y unos ojos dulces, azules, que pedían piedad, tal vez cariño; ella recogió al desgraciado, le escondió en la capilla de la casa, abandonada, hasta pensar si haría bien en avisar a sus hermanos, que eran, como ella, carlistas, y acaso entregarían a los suyos al fugitivo, si los suyos pasaban por allí y le buscaban. Al fin era un libcral, un negro. Pensó bien, y acertó. Reveló su secreto, los hermanos aprobaron su conducta, el herido pasó de la tarima de la capilla a las plumas del mejor lecho que había en la casa; todos callaron. La facción, que pasó por allí, no supo que tenía tan cerca a tal enemigo, que había sido azote de los *blancos*. Dos meses cuidó Berta al liberal con sus propias manos, solícita, enamorada ya desde el primer día; los hermanos la dejaban *cuidar* y enamorarse; la dejaban hacer servicios de amante esposa que tiene al esposo moribundo; y esperaban que ¡naturalmente! el día en que el enfermo pudiera abandonar a Posadorio, todo afecto se acabaría; la señorita de Rondaliego sería una extraña para el capitán Garrido, que todas las noches lloraba de agradecimiento, mientras los hermanos roncaban y la hermana velaba, no lejos del lecho, acompañada de una vieja y de Sabel, entonces lozana y doncella.

Cuando el capitán pudo levantarse y pasear por la huerta, dos de los hermanos, entonces presentes en Posadorio (los otros dos, el mayor y el último habían ido a la ciudad por algunos días), vieron en el *negro* un excelente amigo, capaz de distraerlos de su resignado aburrimiento; la simpatía entre los carlistas y el liberal creció de día en día; el capitán era expansivo, tierno, de imaginación viva y fuerte; quería, y se hacía querer, y a más de eso, animaba a los linfáticos Rondaliegos a inocentes diversiones, como asaltos de armas, que él dirigía, sin tomar en ellos parte muy activa, juegos de ajedrez y de naipes, y leía en *voz alta*, con hermosa entonación, blanda y rítmica, que los adormecería dulcemente, después de la cena, a la luz del velón vetusto del salón de Posadorio, que resonaba con las palabras y con los pasos.

IV

Llegó el día en que el *liberal* se creyó obligado por delicadeza a anunciar su marcha, porque las fuerzas, recobradas ya, le permitían volver al campo de batalla en busca de sus compañeros. Dejaba allí el alma que era Berta; pero debía partir. Los hermanos no se lo consintieron; le dieron a entender con mil rodeos que cuanto más tardara en volver a luchar contra los carlistas, mejor pagaría aquella hospitalidad y aquella vida que decía deber a los Rondaliegos. Además, y sobre todo, ¡les era tan grata su compañía! Vivían unos y otros en una deliciosa interinidad, olvidados de los rencores políticos, de todo lo que estaba más allá de aquellos bosques, marco verde del cuadro idílico de Susacasa. El capitán se dejó vencer; permaneció en Posadorio más tiempo del que debiera; y un día, cuando las fuerzas de su cuerpo y la fuerza de su amor habían llegado a un grado de intensidad que producía en él una armonía deliciosa y de mucho peligro, cayó, sin poder remediarlo, a los pies de Berta, en cuanto la ocasión de verla sola vino a tentarle. Y ella, que no entendía palabra de aquellas cosas, se echó a llorar; y cuando un beso loco vino a quemarle los labios y el alma, no pudo protestar sino llorando, llorando de amor y miedo, todo mezclado y confuso. No fue aquel día cuando *perdió el honor*, sino más adelante; en la huerta, bajo un laurel real que olía a gloria; fue al anochecer; los hermanos, ciegos, los habían dejado solos en casa, a ella y al capitán; se habían ido a cazar, ejercicio todavía demasiado penoso para el convaleciente que quería ir a la guerra antes de tiempo.

Cantaba un ruiseñor solitario en la vecina *carbayeda*; un ruiseñor como el que oía arrobada de amor la sublime santa Dulcelina, la hermana del venerable obispo Hugues de Dignes. «¡Oh, qué canto solitario el de ese pájaro!», dijo la santa, y enseguida se quedó en éxtasis absorta en Dios por el canto de aquel ave. —Así habla Salimbeno—. Así se quedó Berta: el ruiseñor la hizo desfallecer, perder las fuerzas con que se resiste, que son desabridas, frías; una infinita poesía que lo llena todo de amor y de indulgencia le inundó el alma; perdió la idea del bien y el mal; no había mal; y absorta por el canto de aquel ave, cayó en los brazos de su capitán, que hizo allí de Tenorio sin trazas de malicia. Tal vez si no hubiese estado presente el *liberal*, que le debía la vida a ella, Berta, escuchando aquella tarde al solitario ruiseñor, se hubiera jurado ser otra Dulcelina, y amar a Dios, y sólo a Dios, con el dulce nombre de Jesús, en la soledad del claustro, o como santa Dulcelina, en el mundo, en el *siglo*, pero en aquel *siglo* de Susacasa, que era más solitario que un convento; de todas suertes, de seguro aquel día, a tal hora, bajo aquel laurel, ante aquel canto, Berta habría llorado de amor infinito, hubiera consagrado su vida a su culto. Cuando las circunstancias permitieron ya al capitán pensar en el aspecto civil de su felicidad suprema, se ofreció a sí mismo, a fuer de amante y caballero, volver cuanto antes a Posadorio, renunciar a sus armas y pedir la mano de su esposa a los hermanos, que a un guerrero *liberal* no se la darían. Berta, inocente en absoluto, comprendió que había pasado algo grave, pero no lo irreparable. Calló, más por dulzura del misterio que por terror de las consecuencias de sus revelaciones. El capitán prometió volver a casarse. Estaba bien. No estaba de más eso; pero la dicha ya la tenía ella en el alma. Esperaría cien años. El capitán, como un cobarde, huye el peligro de la muerte; vuelve a sus banderas por ceremonia, por cumplir, dispuesto a salvar el cuerpo y pedir la absoluta; su vida no es suya, piensa él, es del honor de Berta.

Pero el hombre propone y el héroe dispone. Una tarde, a la misma hora en que cantaba el ruiseñor de Berta y de santa Dulcelina, el capitán liberal oye cantar al bronce el himno de la guerra; como un amor supremo, la muerte gloriosa le llama desde una trinchera; sus soldados esperan el ejemplo, y el capitán lo da; y en un deliquio de santa valentía entrega el cuerpo a las balas, y el alma a Dios, aquel bravo que sólo fue feliz dos veces en la vida, y ambas para causar una desgracia y engendrar un desgraciado. Todo esto, traducido al único lenguaje que quisieron entender los hermanos Rondaliegos, quiso decir que un infame liberal, mancillando la hospitalidad, la gratitud, la amistad, la confianza, la ley, la virtud, todo lo santo, les había robado el honor y había huido.

Jamás supieron de él. Berta tampoco. No supo que el elegido de su alma no había podido volver a buscarla para cumplir con la Iglesia y con el mundo, porque un instinto indomable le había obligado a cumplir antes con su bandera. El capitán había salido de Zaornín al día siguiente de su aventura; de la deshonra que allí dejaba no se supo, hasta que, con pasmo y terror de los hermanos, con pasmo y sin terror de Berta, la infeliz cayó enferma de un mal que acabó en un bautizo misterioso y oculto, en lo que cabía, como una ignominia. Berta comenzó a comprender su falta por su castigo. Se le robó el hijo, y los hermanos, los ladrones, la dejaron sola en Posadorio con Isabel y otros criados. La herencia, que permanecía sin dividir, se partió, y a Berta se le dejó, además de lo poco que le tocaba, el usufructo de todo Susacasa, Posadorio inclusive: ya que había manchado la casa solariega pecando allí, se le dejaba el lugar de su deshonra, donde estaría más escondida que en parte alguna. Bien comprendió ella, cuando renunció a la esperanza de que volviera su capitán, que el mundo debía en adelante ser para la joven deshonrada aquel rincón perdido, oculto por la verdura que lo rodeaba y casi sumergía. Muchos años pasaron antes que los Rondaliegos empezasen, si no a perdonar, a olvidar; dos murieron con sus rencores, uno en la guerra, a la que se arrojó desesperado; otro en la emigración, meses adelante. Ambos habían gastado todo su patrimonio en servicio de la causa que defendían. Los otros dos también contribuyeron con su hacienda en pro de don Carlos, pero no expusieron el cuerpo a las balas: llegaron a viejos, y estos eran los que, de cuando en cuando, volvían a visitar el *teatro de su deshonra*. Ya no lo llamaban así. El secreto que habían sabido guardar había quitado a la deshonra mucho de su amargura; después, los años, pasando, habían vertido sobre la *caída* de Berta esa prescripción que el tiempo tiende, como un manto de indulgencia hecho de capas de polvo, sobre todo lo convencional. La muerte, acercándose, traía a los Rondaliegos pensamientos de más positiva seriedad; la vejez perdonaba en silencio a la juventud lejanos extravíos de que ella, por su mal, no era capaz siquiera; Berta se había perdonado a sí propia también, sin pensar apenas en ello; pero seguía en el retiro que le habían impuesto, y que había aceptado por gusto, por costumbre, como el ave del soneto de Lope, aquella que se volvió a la jaula por no ver llorar a una mujer. Berta llegó a no comprender la vida fuera de Posadorio. A la preocupación de su aventura, poco a poco olvidada, en lo que tenía de mancha y pecado, no como poético recuerdo, que subsistió y se acentuó y sutilizó en la vejez, sucedieron las preocupaciones de familia, aquella lucha con toda sociedad y con todo contacto plebeyo. Pero si Berta se había perdonado su falta, no perdonaba en el fondo del alma a sus hermanos el *robo* de su hijo, que mientras ella fue joven, aunque le dolía infinito, le parecía legítimo; mas cuando la madurez del juicio le trajo la indulgencia para el pecado horroroso de que antes se acusaba, la conciencia de la madre recobró sus fuerzas, y no sólo no perdonaba a sus hermanos, sino que tampoco se perdonaba a sí misma. «Sí, se decía: yo debí protestar, yo debí reclamar el fruto de mi amor; yo debí después buscarlo a toda costa, no creer a mis hermanos cuando me aseguraron que había muerto».

Cuando a Berta se le ocurrió sublevarse, indagar el paradero de su hijo, averiguar si se la engañaba anunciándole su muerte, ya era tarde. O en efecto había muerto, o por lo menos se había perdido. Los Rondaliegos se habían portado en este punto con la crueldad especial de los fanatismos que sacrifican a las abstracciones absolutas las realidades relativas que llegan a las entrañas. Aquellos hombres buenos, bondadosos, dulces, suaves, caballeros sin tacha, fueron cuatro Herodes contra una sola criatura, que a ellos se les antojó baldón de su linaje. Era el hijo del *liberal*, del traidor, del infame. Conservarle cerca, cuidarle y exponerse con estos cuidados a que se descubrieran sus relaciones con el *sobrino bastardo*, les parecía a los Rondaliegos tanta locura como fundir una campana con metal de escándalo y colgarla de una azotea de Posadorio para que de día y de noche estuviera tocando a vuelo la ignominia de su raza, la vergüenza eterna, irreparable, de los suyos. ¡Absurdo! El *hijo maldito* fue entregado a unos mercenarios, sin garantías de seguridad, precipitadamente, sin más precauciones que las que apartaban para siempre las sospechas que pudieran ir en busca del origen de aquella criatura: lo único que se procuró fue rodearle de dinero, asegurarle el pan; y esto contribuyó para que desapareciera. Desapareció. Borrando huellas, unos por un lado, por el punto de honor, y otros por interés y codicia, todo rastro se hizo imposible. Cuando la conciencia acusó a los Rondaliegos que quedaban vivos, y les pidió que buscasen al niño perdido, ya no había remedio. El interés, el egoísmo de estas buenas gentes se alegró de haber ideado tiempo atrás aquella patraña de la muerte del pobre niño. Primero se había mentido para castigar a la infame que aún se atrevía a pedir el fruto de su enorme pecado; después se mintió para que ella no se desesperase de dolor, maldiciendo a los verdugos de su felicidad de madre. Los dos últimos Rondaliegos murieron en Posadorio, con dos años de intervalo. Al primero, que era el hermano mayor, nada se atrevió a preguntarle Berta a la hora de la muerte: cerca del lecho, mientras él agonizaba, despejada la cabeza, expedita la palabra, Berta, en pie, le miraba con mirada profunda, sin preguntar ni con los ojos, pero pensando en el hijo. El hermano moribundo miraba también a veces a los ojos de Berta; pero nada decía de aquella respuesta que debía dar sin necesidad de pregunta; nada decía ni con labios ni con ojos. Y, sin embargo, Berta adivinaba que él también pensaba en el niño muerto o perdido. Y poco después cerraba ella misma, anegada en llanto, aquellos ojos que se llevaban un secreto. Cuando moría el último hermano, Berta, que se quedaba sola en el mundo, se arrojó sobre el pecho flaco del que expiraba, y sin compasión más que para su propia angustia, preguntó desolada, invocando a Dios y el recuerdo de sus padres, que ni él ni ella habían conocido; preguntó por su hijo. «¿Murió? ¿Murió? ¿Lo sabes de fijo? ¡Júramelo, Agustín; júramelo por el Señor, a quien vas a ver cara a cara!» Y Agustín, el menor de los Rondaliegos, miró a su hermana, ya sin verla, y lloró la lágrima con que suelen las almas despedirse del mundo.

Berta se quedó sola con *Sabel* y el *gato*, y empezó a envejecer de prisa, hasta que se hizo de pergamino, y comenzó a vivir la vida de la corteza de un roble seco. Por dentro también se apergaminaba; pero como dos cristalizaciones de diamante, quedaban entre tanta sequedad dos sentimientos, que tomaron en ella el carácter automático de la manía que se mueve en el espíritu con el tictac de un péndulo. La soledad, el aislamiento, la pureza y limpieza de Posadorio, de Susacasa, del Aren..., por aquí subía el péndulo a la actividad ratonil de aquella anciana flaca, amarillenta (ella que era tan blanca y redonda), que, sorda y ligera de pies, iba y venía *llosa* arriba, *llosa* abajo, tendiendo ropa, dando órdenes para segar los prados, podar los árboles, limpiar las seves. Pero, en medio de esta actividad, al contemplar la verdura inmaculada de sus tierras, la soledad y apartamiento de Susacasa, la sorprendía el recuerdo del *liberal*, de su *capitán*, traidor o no, de su hijo muerto o perdido...; y la pobre setentona lloraba a su niño, a quien siempre había querido con un amor algo abstracto, sin fuerza de imaginación para figurárselo; lloraba y amaba a su hijo con un tibio cariño de abuela; tibio, pero obstinado. Y por aquí bajaba el péndulo del pensar automático a la tristeza del desfallecimiento, de las sombras y frialdades del espíritu, quejosa del mundo, del destino, de sus hermanos, de sí misma. De este vaivén de su existencia sólo conocía *Sabelona* la mitad: lo notorio, lo activo, lo material. Como en tiempo de sus hermanos, Berta seguía condenada a la soledad absoluta para lo más delicado, poético, fino y triste de su alma. Las viejas, hilando a la luz del candil en la cocina de campana, que tenía el hogar en el suelo, parecían dos momias, y lo eran; pero la una, *Sabel*, dormía en paz; la otra, Berta, tenía un ratoncillo, un espíritu loco dentro del pellejo. A veces, Berta, después de haber estado hablando de la colada una hora, callaba un rato, no contestaba a las observaciones de *Sabel*; y después, en el silencio, miraba a la criada con ojillos que reventaban con el tormento de las ideas..., y se figuraba que aquella otra mujer, que nada adivinaba de su pena, de la rueda de ideas dolorosas que le andaba a ella por la cabeza, no era una mujer..., era una hilandera de marfil viejo.

V

Una tarde de agosto, cuando ya el sol no quemaba y de soslayo sacaba brillo a la ropa blanca tendida en la huerta en declive, y encendía un diamante en la punta de cada hierba, que, cortada al rape por la guadaña, parecía punta de acero, doña Berta, después de contemplar desde la casa de arriba las blancuras y verdores de su dominio, con una brisa de alegría inmotivada en el alma, se puso a canturriar una de aquellas baladas románticas que había aprendido en su inocente juventud, y que se complacía en recordar cuando no estaba demasiado triste, ni *Sabel* delante, ni cerca. En presencia de la criada, su vetusto sentimentalismo le daba vergüenza. Pero en la soledad completa, la dama sorda cantaba sin oírse, oyéndose por dentro, con desafinación tan constante como melancólica, una especie de aires, que podían llamarse el canto llano del romanticismo músico. La letra, apenas pronunciada, era no menos sentimental que la música, y siempre se refería a grandes pasiones contrariadas o al reposo idílico de un amor pastoril y candoroso.

Doña Berta, después de echar una mirada por entre las ramas de perales y manzanos para ver si *Sabel* andaba por allá abajo, cerciorada de que no había tal estorbo en la huerta, echó al aire las perlas de su repertorio; y mientras, inclinada y regadera en mano, iba refrescando plantas de pimientos, y limpiando de caracoles árboles y arbustos (su prurito era cumplir con varias faenas a un tiempo), su voz temblorosa decía:

Ven, pastora, a mi cabaña,
deja el monte, deja el prado,
deja alegre tu ganado
y ven conmigo a la mar...

Llegó al extremo de la huerta, y frente al postigo que comunicaba con el monte, bosque de robles, pinos y castaños, se irguió y meditó. Se le había antojado salir por allí, meterse por el monte arriba entre helechos y zarzas. Años hacía que no se le había ocurrido tal cosa; pero sentía en aquel momento un poco de sol de invierno en el alma; el cuerpo le pedía aventuras, atrevimientos. ¡Cuántas veces, frente a aquel postigo, escondido entre follaje oscuro, había soñado su juventud que por allí iba a entrar su felicidad, lo inesperado, lo poético, lo ideal, lo inaudito! Después, cuando esperaba a su sueño de carne y hueso, a *su capitán* que no volvió, por aquel postigo le esperaba también. Dio vuelta a la llave, levantó el picaporte y salió al monte. A los pocos pasos tuvo que sentarse en el santo suelo, separando espinas con la mano; la pendiente cra ardua para ella; además le estorbaban el paso los helechos altos y las plantas con pinchos. Sentada a la sombra siguió contando:

Y juntos en mi barquilla...

Un ruido en la maleza, que llegó a oír cuando ya estuvo muy próximo, le hizo callar, como un pájaro sorprendido en sus soledades; se puso en pie, miró hacia arriba y vio delante de sí a un guapo mozo, como de treinta años a treinta y cinco, moreno, fuerte, de mucha barba, y vestido, aunque con descuido —de cazadora y hongo flexible, pantalón demasiado ancho— con ropa que debía ser buena y elegante; en fin, le pareció un joven de la corte, a pesar del desaliño. Colgada de una correa pendiente del hombro, traía una caja. Se miraban en silencio, los dos parados. Doña Berta, conoció que por fin el desconocido la saludaba, y, sin oírle, contestó inclinando la cabeza. Ella no tenía miedo, ¿por qué? Pero estaba pasmada y un poco contrariada. Un señorito tan señorito, tan de lejos, ¿cómo había ido a parar al bosque de Susacasa? ¡Si por allí no se iba a ninguna parte; si aquello era el finibusterre del...! La ofendía un poco un viajero que atravesaba sus dominios. Llegaron a explicarse. Ella, sin rodeos, le dijo que era sorda, y el ama de todo aquello que veía. ¿Y él? ¿Quién era él? ¿Qué hacía por allí? Aunque el recibimiento no fue muy cortés, ambos estaban comprendiendo que simpatizaban; ella comprendió más: aquel señorito la estaba admirando. A las pocas palabras hablaban como buenos amigos; la exquisita amabilidad de ambos se so...brepuso a las asperezas del recelo, y cuando minutos después entraban por el postigo en la huerta, ya sabía doña Berta quién era aquel hombre. Era un pintor ilustre, que mientras dejaba en Madrid su última obra maestra colgada donde la estaba admirando media España, y dejaba a la crítica ocupada en cantar las alabanzas de su paleta, él huía del incienso y del estrépito, y a solas con su musa, la soledad, recorría los valles y vericuetos asturianos, sus amores del estío en busca de efectos de luz, de matices del verde de la tierra y de los grises del cielo. Palmo a palmo conocía todos los secretos de belleza natural de aquellos repliegues de la *marina*; y por fin, más audaz o afortunado que *romanos* y *moros*, había llegado, rompiendo por malezas y toda clase de espesuras, al mismísimo bosque de Zaornín y al monte mismísimo de Susacasa, que era como llegar al riñón del riñón del misterio.

—¿Le gusta a usted todo esto? —preguntaba doña Berta al pintor, sonriéndole, sentados los dos en un sofá del salón, que resonaba con las palabras y los pasos.

—Sí, señora; mucho, muchísimo —respondió el pintor con voz y gesto para que se le entendiera mejor.

Y añadió por lo bajo:

—Y me gustas tú también, anciana insigne, *bargueño* humano.

En efecto, el ilustre artista estaba encantado. El encuentro con doña Berta le había hecho comprender el interés que puede dar al paisaje un alma que lo habita. Susacasa, que le había hecho cantar, al descubrir sus espesuras y verdores, acordándose de Gayarre,

O paradiso...
Tu m'apartieni...

adquiría de repente un sentido dramático, una intención espiritual al mostrarse en medio del monte aquella figura delgada, *llena de dibujo* en su flaqueza, y cuyos *colores* podían resumirse diciendo: cera, tabaco, ceniza. Cera la piel, ceniza la cabeza, tabaco los ojos y el vestido. Poco a poco doña Berta había ido escogiendo, sin darse cuenta, batas y chales del color de las hojas muertas; y en cuanto a su cabellera, algo rizosa, al secarse se había quedado en cierto matiz que no era el blanco de plata, sino el recuerdo del color antiguo, más melancólico que el blanco puro, como ese obstinado rosicler del crepúsculo en los días largos, que no se decide a ceder el horizonte al negro de la noche. Al pintor le parecía aquella dama con aquellos colores y aquel dibujo *ojival*, copia de una miniatura en marfil. Se le antojaba escapada del *país* de un abanico precioso de fecha remota. Según él, debía de oler a sándalo.

El artista aceptó el chocolate y el dulce de conserva que le ofreció doña Berta de muy buena gana. Refrescaron en la huerta, debajo de un laurel real, hijo o nieto del *otro*. Habían hablado mucho. Aunque él había procurado que la conversación le dejase en la sombra, para observar mejor, y fuese toda la luz a caer sobre la historia de la anciana y sobre sus dominios, la curiosidad de doña Berta, y al fin el placer que siempre causa comunicar nuestras penas y esperanzas a las personas que se muestran *inteligentes* de corazón, hicieron que el mismo pintor se olvidara a ratos de su *estudio* para pensar en sí mismo. También contó su historia, que venía a ser una serie de ensueños y otra serie de cuadros. En sus cuadros iba su carácter. Naturaleza, rica, risueña, pero misteriosa, casi sagrada, y figuras dulces, *entrañables*, tristes o heroicas, siempre modestas, recatadas... y sanas. Había pintado un amor que había tenido en una fuente; el público se había enamorado también de su *colunguesa*; pero él, el pintor, al volver por la primavera, tal vez a casarse con ella, la encontró muriendo tísica. Como este recuerdo le dolía mucho al pintor, por egoísmo volvió a olvidarse de sí mismo; y por asociación de ideas, con picante curiosidad, osó preguntar a aquella dama, entre mil delicadezas, si ella no había tenido amores y qué había sido de ellos. Y doña Berta, ante aquella dulzura, ante aquel candor retratado en aquella sonrisa del *genio* moreno, lleno de barbas; ante aquel dolor de un amante que había sido leal, sintió el pecho lleno de la muerta juventud, como si se lo inundara de luz misteriosa la presencia de un *aparecido*, el amor suyo; y con el espíritu retozón y aventurero que le había hecho cantar poco antes y salir al bosque, se decidió a hablar de sus amores, omitiendo el incidente deshonroso, aunque con tan mal arte, que el pintor, hombre de mundo, atando cabos y aclarando oscuridades que había notado en la narración anterior referente a los Rondaliegos, llegó a suponer algo muy parecido a la verdad que se ocultaba; igual en sustancia. Así que, cuando ella le preguntaba si, en su opinión, el capitán había sido un traidor o habría muerto en la guerra, él pudo apreciar en su valor la clase de traición que habría que atribuir al *liberal*, y se inclinó a pensar, por el carácter que ella le había pintado, que el amante de doña Berta no había vuelto... porque no había podido. Y los dos quedaron silenciosos, pensando en cosas diferentes. Doña Berta pensaba: «¡Parece mentira, pero es la primera vez en la vida que hablo con *otro* de estas cosas!». Y era verdad; jamás en sus labios habían estado aquellas palabras, que eran toda la historia de su alma. El pintor, saliendo de su meditación, dijo de repente algo por el estilo:

—A mí se me figura en este momento ver la causa de la eterna ausencia de *su* capitán, señora. Un espíritu noble como el suyo, un caballero de la calidad de ese que usted me pinta, vuelve de la guerra a cumplir a su amada una promesa..., a no ser que la muerte gloriosa le otorgue antes sus favores. *Su* capitán, a mi entender, no volvió..., porque, al ir a recoger la absoluta, se encontró con lo *absoluto*, el deber; ese *liberal*, que por la sangre de sus heridas mereció conocer a usted y ser amado, mi respetable amiga; ese capitán, por su sangre, perdió el logro de su amor. Como si lo viera, señora: no volvió porque murió como un héroe...

Iba a hablar doña Berta, cuyos ojillos brillaban con una especie de locura mística; pero el pintor tendió una mano, y prosiguió diciendo:

—Aquí nuestra historia se junta, y verá usted cómo hablándola del *por qué* de mi último cuadro, el que me alaban propios y extraños, sin que él merezca tantos elogios, queda explicado el *por qué* yo presumo, *siento*, que el capitán de *usted* se portó como el *mío*. Yo también tengo mi capitán. Era un amigo del alma...; es decir, no nos tratamos mucho tiempo; pero su muerte, su gloriosa y hermosa muerte, le hizo el íntimo de mis visiones de pintor que aspira a poner un corazón en una cara. Mi último cuadro, señora, ese de que hasta usted, que nada quiere saber del mundo, sabía algo por los periódicos que vienen envolviendo garbanzos y azúcar, es... seguramente el menos malo de los míos. ¿Sabe usted por qué? Porque lo vi de repente, y lo vi en la realidad primero. Años hace, cuando la segunda guerra civil, yo, aunque ya conocido y estimado, no había alcanzado esto que llaman... la celebridad, y acepté, porque me convenía para mi bolsa y mis planes, la plaza de corresponsal que un periódico ilustrado extranjero me ofreció, para que le dibujase cuadros de actualidad, de costumbres españolas, y principalmente de la guerra. Con este encargo, y mi gran afición a las emociones fuertes, y mi deseo de recoger datos dignos de crédito para un gran cuadro de heroísmo militar con que yo soñaba, me fui a la guerra del Norte, resuelto a ver muy de cerca todo lo más serio de los combates, de modo que el peligro de mi propia persona me facilitase esta proximidad apetecida. Busqué, pues, el peligro, no por él, sino por estar *cerca* de la muerte heroica. Se dice, y hasta lo han dicho escritores insignes, que en la guerra *cada cual* no ve nada grande, nada poético. No es verdad esto... para un pintor. A lo menos para un pintor de mi carácter. Pues bueno; en aquella guerra conocí a *mi capitán*; él me permitió lo que acaso la disciplina no autorizaba: estar a veces donde debía estar un soldado. Mi capitán era un bravo y un jugador; pero jugaba tan bien, era tan pundonoroso, que el juego en él parecía una virtud, por las muchas buenas cualidades que le daba ocasión para ejercitar. Un día le hablé de su arrojo temerario, y frunció el ceño. «Yo no soy temerario, me dijo con mal humor; ni siquiera valiente; tengo obligación de ser casi un cobarde... Por lo menos debo mirar por mi vida. Mi vida no es mía...; es de un acreedor. Un compañero, un oficial, no ha mucho me libró de la muerte, que iba a darme yo mismo, porque, por primera vez en mi vida, había jugado lo que no tenía, había perdido una cantidad... que no podía entregar al *contrario*; mi compañero, al sorprender mi desesperación, que me llevaba al suicidio, vino en mi ayuda; pagué con su dinero..., y ahora debo dinero, vida y gratitud. Pero el amigo me advirtió, después que ya era imposible devolverle aquella suma, que con ella había puesto su honra en mis manos... —Vive, me dijo, para pagarme trabajando, ahorrando, como puedas: esa cantidad de que hoy pude disponer, y dispuse para salvar tu vida, tendré un día que entregarla, y si no la entrego, pierdo la fama. *Vive* para ayudarme a recuperar esa fortunilla y salvar mi honor—. Dos honras, la suya y la mía, penden, pues, de mi existencia; de modo, señor artista, que huyo o debo huir de las balas. Pero tengo dos vicios: la guerra y el juego; y como ni debo jugar ni debo morir, en cuanto honrosamente pueda, pediré la absoluta; y, entretanto, seré aquí muy prudente». Así, señora, poco más o menos, me habló *mi* capitán; y yo noté que al siguiente día, en un encuentro, no se aventuró demasiado; pero pasaron semanas, hubo choques con el enemigo y él volvió a ser temerario; mas yo no volví a decirle que me lo parecía. Hasta que, por fin, llegó *el día de mi cuadro*.

El pintor se detuvo. Tomó aliento, reflexionó a su modo, es decir, recompuso en su fantasía el *cuadro*, no según *su obra maestra*, sino según la realidad se lo había ofrecido.

Doña Berta, asombrada, agradeciendo al artista las voces que este daba para que ella no perdiese ni una sola palabra, escuchó la historia del cuadro célebre, y supo que en un día ceniciento, frío, una batalla decisiva había llevado a los soldados de aquel *capitán* al extremo de la desesperación, que acaba en la fuga vergonzosa o en el heroísmo. Iban a huir todos, cuando el jugador, el que debía su vida a un acreedor, se arrojó a una muerte segura, como arrojaba a una carta toda su fortuna; y la muerte le rodeó como una aureola de fuego y de sangre; a la muerte y a la gloria arrastró consigo a muchos de los suyos. Mas antes hubo un momento, el que se había grabado como a la luz de un relámpago en el recuerdo del artista, llenando su fantasía; un momento en que en lo alto de un reducto, el *capitán* jugador brilló solo, como en una apoteosis, mientras más abajo y más lejos los soldados vacilaban, el terror y la duda pintados en el rostro.

—El gesto de aquel hombre, el que milagrosamente pude conservar con absoluta exactitud y trasladarlo a mi *idea*, era de una expresión singular, que lo apartaba de todo lo clásico y de todo lo convencional; no había allí las líneas *canónicas* que podrían mostrar el entusiasmo bélico, el patriotismo exaltado; era otra cosa muy distinta...; había dolor, había remordimientos, había la pasión ciega y el impulso soberano en aquellos ojos, en aquella frente, en aquella boca, en aquellos brazos; bien se veía que aquel soldado caía en la muerte heroica como en el abismo de una tentación fascinadora a que en vano se resiste. El público y la crítica se han enamorado de *mi* capitán; ha traducido cada cual a su manera aquella *idealidad* del rostro y de todo el gesto; pero todos han visto en ello lo mejor del cuadro, lo mejor de mi pincel; ven una lucha espiritual misteriosa, de fuerza intensa, y admiran sin comprender, echándose a adivinar al explicar su admiración. El secreto de mi triunfo lo sé yo; es este, señora, lo que yo vi aquel día en aquel hombre que desapareció entre el humo, la sangre y el pánico, que después vino a oscurecerlo todo. Los demás tuvimos que huir al cabo; su heroísmo fue inútil...; pero mi cuadro conservará su recuerdo. Lo que no sabrá el mundo es que *mi* capitán murió faltando a su *palabra* de no buscar el peligro.

—¡Así murió el *mío*! —exclamó exaltada doña Berta, poniéndose en pie, tendiendo una mano como inspirada—. ¡Sí, el corazón me grita que él también me abandonó por la muerte gloriosa!

Y doña Berta, que en su vida había hecho frases ni ademanes de sibila, se dejó caer en su silla, llorando, llorando con una solemnidad que sobrecogió al pintor y le hizo pensar en una estatua de la Historia vertiendo lágrimas sobre el polvo anónimo de los heroísmos oscuros, de las grandes virtudes desconocidas, de los grandes dolores sin crónica.

Pasó una brisa fría; tembló la anciana, levantóse, y con un ademán indicó al pintor que la siguiera. Volvieron al salón; y doña Berta, medio tendida en el sofá, siguió sollozando.

VI

Sabelona entró silenciosa y encendió todas las luces de los candelabros de plata que adornaban una consola. Le pareció a ella que era toda una inspiración, para dar *tono* a la casa, aquella ocurrencia de iluminar, sin que nadie se lo mandara, el salón oscuro. La noche se echaba encima sin que lo notaran ni el pintor ni doña Berta. Mientras esta ocultaba el rostro con las manos, porque Sabel no viera su enternecimiento, el artista se puso a pasear sus emociones hondas y vivas por el largo salón, cabizbajo. Pero al llegar junto a la consola, la luz le llamó la atención, levantó la cabeza, miró en torno de sí, y vio en la pared cara a cara, el retrato de una joven vestida y peinada a la moda de hacía cuarenta y más años. Tardó en distinguir bien aquellas facciones; pero cuando por fin la imagen completa se le presentó con toda claridad, sintió por todo el cuerpo el zizsás de un escalofrío como un latigazo. Por señas preguntó a Sabelona quién era la dama pintada; y Sabel, con otro gesto y gran tranquilidad, señaló a la anciana, que seguía con el rostro escondido entre las manos. Salió Sabelona de la estancia en puntillas que este era su modo de respetar los dolores de los *amos* cuando ella no los comprendía; y el pintor, que, pálido y como con miedo, seguía contemplando el retrato, no sintió que dos lágrimas se le asomaban a los ojos. Y cuando volvió a su paseo sobre los tablones de castaño, que crujían, iba pensando: «Estas cosas no caben en la pintura; además, por lo que tienen de *casuales*, de inverosímiles, tampoco caben en la poesía: no caben más que en el mundo... y en los corazones que saben sentirlas». Y se pasó a contemplar a doña Berta, que, ya más serena, había cesado de llorar, pero con las manos cruzadas sobre las flacas rodillas, miraba al suelo con ojos pagados. El amor muerto, como un aparecido, volvía a pasar por aquel corazón arrugado, yerto; como una brisa perfumada en los jardines, que besa después los mármoles de los sepulcros.

—Amigo mío —dijo la anciana, poniéndose en pie y secando las últimas lágrimas con los flacos dedos, que parecían raíces—: hablando de mis cosas se nos ha pasado el tiempo. Y usted... ya no puede buscar albergue en otra parte; llega la noche. Lo siento por el qué dirán —añadió, sonriendo—; pero... tiene usted que quedarse a cenar y a dormir en Posadorio.

El pintor aceptó de buen grado y sin necesidad de ruegos.

—Pienso pagar la posada —dijo.

—¿Cómo?

—Sacando mañana una copia de ese retrato; unos apuntes para hacer después en mi casa otro... que sea como ese, en cuanto a la semejanza con el original... si es que la tiene.

—Dicen que sí —interrumpió doña Berta, encogiendo los hombros con una modestia póstuma, graciosa en su triste indiferencia—. Dicen —prosiguió— que se parece como una gota a otra gota, a una Berta Rondaliego, de que yo apenas hago memoria.

—Pues bien; mi copia, dicho sea sin jactancia... será algo menos mala que esa, en cuanto pintura...; y exactamente fiel en el parecido.

Y dicho y hecho; a la mañana siguiente, el pintor, que había dormido en el lecho de nogal en que había expirado el último Rondaliego, se levantó muy temprano; hizo llevar el cuadro a la huerta, y allí, al aire libre, comenzó su tarea. Comió con doña Berta, contemplándola atento cuando ella no le miraba, y después del café continuó su trabajo. A media tarde, terminados sus apuntes, recogió sus bártulos, se despidió con un cordialísimo abrazo de su nueva amiga, y por el Aren adelante desapareció entre la espesura, dando el último adiós desde lejos con un pañuelo blanco que tremolaba como una bandera.

Otra vez se quedó sola doña Berta con sus pensamientos; pero ¡cuán otros eran! *Su capitán*, de seguro, no había vuelto porque no había podido; no había sido un malvado, como decían los hermanos; había sido un héroe... Sí, lo mismo que el *otro*, el capitán del pintor, el jugador que jugaba hasta la honra por ganar la gloria... Los remordimientos de doña Berta, que aún más que remordimientos eran *saudades*, se irritaron más y más desde aquel día en que una corazonada le hizo creer con viva fe que su amante había sido un héroe, que había muerto en la guerra, y por eso no había vuelto a buscarla. Porque siendo así, ¡qué cuentas podía pedirle de su *hijo*! ¿Qué había hecho ella por encontrar al *fruto de sus amores*? Poco más que nada; se había dejado aterrar, y recordaba con espanto los días en que ella misma había llegado a creer que era remachar el clavo de su ignorancia emprender clandestinas pesquisas en busca de su hijo. Y ahora... ¡qué tarde era ya para todo...! El hijo, o había muerto en efecto, o se había perdido para siempre. No era posible soñar con su rastro. Ella misma había perdido en sus entrañas a la madre...; era ya una abuela. Una vaga conciencia le decía que no podía sentir con la fuerza de otros tiempos; las menudencias de la vida ordinaria, la prosa de sus quehaceres, la distraían a cada momento de su dolor, de sus meditaciones; volvían, era verdad, pero duraban poco en la cabeza, y aquel ritmo constante del olvido y del recuerdo llegaba a marearla. Ella propia llegaba a pensar: «¡Es que estoy chocha! Esto es una manía, más que un sentimiento». Y con todo, a ratos pensaba, particularmente después de cenar, antes de acostarse, mientras se paseaba por la espaciosa cocina a la luz del candil de Sabelona, pensaba que en ella había una recóndita energía que la llevaría a un gran sacrificio, a una absoluta abnegación... si hubiera asunto para esto.

—«Oh! ¡Adónde iría yo por mi hijo... vivo o muerto! Por besar sus huesos pelados, ¡qué años no daría, si no de vida, que ya no puedo ofrecerla, qué años de gloria pasándolos de más en el purgatorio! O porque yo soy como un sepulcro, un alma que ya se descompone, o porque presiento la muerte, sin querer pienso siempre, al figurarme que busco y encuentro a mi hijo..., que doy con sus restos, no con sus brazos abiertos para abrazarme»—.

Imaginando estas y otras amarguras semejantes, sorprendió a doña Berta el mensaje que, al cabo de ocho días, le envió el pintor por un propio. Un aldeano, que desapareció enseguida sin esperar propina ni refrigerio, dejó en poder de doña Berta un gran paquete que contenía una tarjeta del pintor y dos retratos al óleo: uno era el de Berta Rondaliego, copia fiel del cuadro que estaba sobre la consola en el salón de Posadorio, pero copia idealizada y llena de expresión y vida, gracias al arte verdadero. Doña Berta, que apenas se reconocía en el retrato del salón, al mirar el nuevo, se vio de repente en un espejo... de hacía más de cuarenta años. El otro retrato que le enviaba el pintor tenía un rótulo al pie, que decía en letras pequeñas, rojas: «Mi capitán». No era más que una cabeza: doña Berta, al mirarlo, perdió el aliento y dio un grito de espanto. Aquel *mi capitán* era también el *suyo*... el *suyo*, mezclado con ella misma, con la Berta de hacía cuarenta años, con la que estaba allí al lado... Juntó, confrontó las telas, vio la semejanza perfecta que el pintor había visto entre el retrato del salón y el *capitán* de sus recuerdos, y de su obra maestra; pero además, y sobre todo, vio otra semejanza, aún más acentuada, en ciertas facciones y en la expresión general de aquel rostro, con las facciones y la expresión que ella podía evocar de la imagen que en su cerebro vivía, grabada con el buril de lo indeleble, como la gota labra la piedra. El amor único, muerto, siempre escondido, había plasmado en su fantasía una imagen fija, indestructible, parecida a su modo a ese granito pulimentado por los besos de muchas generaciones de creyentes que van a llorar y esperar sobre los pies de una Virgen o de un santo de piedra. El *capitán* del pintor era como una restauración del retrato de otro capitán que ella veía en su cerebro, algo borrado por el tiempo, con la pátina oscura de su escondido y prolongado culto; ahumado por el holocausto del amor antiguo, como lo están los cuadros de iglesia por la cera y el incienso. Ello fue que cuando Sabelona vino a llamar a doña Berta, la encontró pálida, desencajado el rostro y medio desvanecida. No dijo más que «Me siento mal», y dejó que la criada la acostara. Al día siguiente vino el médico del concejo, y se encogió de hombros. No recetó. «Es cosa de los años», dijo. A los tres días, doña Berta volvía a correr por la casa más ágil que nunca, y con un brillo en los ojos que parecía de fiebre. Sabelona vio con asombro que a la siguiente madrugada salía de Posadorio un propio con una carta lacrada. ¿A quién escribía la señorita? ¿Qué podía haber en el mundo, por allá lejos, que la importase a ella? El ama había escrito al pintor; sabía su nombre y el concejo en que solía tener su posada durante el verano; pero no sabía más, ni el nombre de la parroquia en que estaba el rústico albergue del artista, ni si estaría él entonces en su casa, o muy lejos, en sus ordinarias excursiones.

El propio volvió a los cuatro días, sin contestación y sin la carta de la señorita. Después de muchos afanes, de mil pesquisas, en la capital del concejo le habían admitido la misiva, dándole seguridades de entregar el pliego al pintor, que estaría de vuelta en aquella fonda en que esto le decían, antes de una semana. Buscarle inmediatamente era inútil. Podía estar muy cerca, o a veinte leguas. Se deslizaron días y días, y doña Berta aguardaba en vano, casi loca de impaciencia, noticias del pintor. En tanto, su carta, en que iba entre medias palabras el secreto de su honra, andaba por el mundo en manos de Dios sabe quién. Pasaron tristes semanas, y la pobre anciana, de flaquísima memoria, comenzó a olvidar lo que había escrito al pintor. Recordaba ya sólo, vagamente, que le declaraba de modo implícito *su pecado*, y que le pedía, por lo que más amase, noticias de *su capitán*: ¿cómo se llamaba?, ¿quién era?, ¿su origen?, ¿su familia?, y además quería saber quién había dado aquel dinero al pobre héroe que había muerto sin pagar; cómo sería posible encontrar al acreedor... Y, por último, ¡qué locura!, le preguntaba por el *cuadro*, por la obra maestra. ¿Era suya aún? ¿Estaba ya vendida? *¿Cuánto podría costar?* ¿Alcanzaría el dinero que le quedase a ella, después de vender todo lo que tenía y de pagar al acreedor del... *capitán*, para comprar el cuadro? Sí, de todo esto hablaba en la carta, aunque ya no se acordaba cómo; pero de lo que estaba segura era de que no se volvía atrás. En la cama, en los pocos días que tuvo que permanecer en ella, había resuelto aquella locura, de que no se arrepentía. Sí, sí, estaba resuelta; *quería* pagar la deuda de su *hijo*, quería comprar el *cuadro* que representaba la muerte heroica de su hijo, y que contenía el *cuerpo entero* de su hijo en el momento de perder la vida. Ella no tenía idea aproximada de lo que podía valer Susacasa, Posadorio y el Aren vendidos; ni la tenía remota siquiera de la deuda de su hijo y del precio del cuadro. Pero no importaba. Por eso quería enterarse, por eso había escrito al pintor. Las razones que tenía para su locura eran bien sencillas. Ella no le había dado nada suyo al hijo de sus entrañas, mientras el infeliz vivió; ahora muerto *le encontraba*, y quería dárselo todo; la honra de su hijo era la suya; lo que debía él lo debía ella, y quería pagar, y pedir limosna; y si después de pagar quedaba dinero para comprar el cuadro, comprarlo y morir de hambre; porque era como tener la sepultura de los dos *capitanes*, restaurar su honra, y era además tener la imagen fiel del hijo adorado y el reflejo de otra imagen adorada. Doña Berta sentía que aquella fortísima, absoluta, irrevocable resolución suya debía acaso su fuerza a un impulso invisible, extraordinario, que se le había metido en la cabeza como un cuerpo extraño que lo tiranizaba todo. «Esto, pensaba, será que definitivamente me he vuelto loca; pero, mejor; así estoy más a gusto, así estoy menos inquieta; esta resolución es un asidero; más vale el dolor material que de aquí venga, que aquel tic-tac insufrible de mis antiguos remordimientos, aquel ir y venir de las mismas ideas...». Doña Berta, para animarse en su resolución heroica, para llevar a cabo su sacrificio sin esfuerzo, por propio deseo y complacencia, y no por aquel impulso irresistible, pero que no le parecía *suyo*, se consagraba a irritar su amor maternal, a buscar ternuras de madre... y no podía. Su espíritu se fatigaba en vano; las imágenes que pudieran enternecerla no acudían a su mente; no sabía cómo *se era madre*. Quería figurarse a su hijo, niño, abandonado... sin un regazo para su inocencia... No podía; el hijo que ella veía era un bravo capitán, de pie sobre un reducto, entre fuego y humo...; era la cabeza que el pintor le había regalado. «Esto es, se decía, como si a mis años me quisiera enamorar... y no pudiera». Y, sin embargo, su resolución era absoluta. Con ayuda del pintor, o sin ella, buscaría el cuadro, lo vería, ¡oh, sí, verlo antes de morir!, y buscaría al acreedor o a sus herederos, y les pagaría la deuda de su hijo. «Parece que hay dos almas, se decía a veces; una que se va secando con el cuerpo, y es la que imagina, la que siente con fuerza, pintorescamente; y otra alma más honda, más pura, que llora sin lágrimas, que ama sin memoria y hasta sin latidos... y esta alma es la que Dios se debe de llevar al cielo».

Transcurridos algunos meses sin que llegara noticia del pintor, doña Berta se decidió a obrar por sí sola: a Sabelona no había para qué enterarla de nada hasta el momento supremo, el de separarse. ¡Adiós, Zaornín; adiós, Susacasa; adiós, Aren; adiós, Posadorio! —El ama recibió una visita que sorprendió a Sabel y le dio mala espina.

El señor Pumariega, don Casto, notario retirado de la profesión y usurero en activo servicio, ratón del campo, esponja del concejo, gran coleccionista de fincas de pan llevar y toda clase de bienes raíces, se presentó en Posadorio preguntando por la señorita de Rondaliego con aquella sonrisa eterna que había hecho llorar lágrimas de sangre a todos los desvalidos de la comarca. Este señor vivía en la capital del concejo, a varios kilómetros de Zaornín. Se presentó a caballo; se apeó, encargó siempre sonriendo, que le cchasen hierba a la jaca, pero no de la nueva, y, pensándolo mejor, se fue él mismo a la cuadra, y con sus propias manos llenó el pesebre de heno.

Todavía llevaba algunas hierbas entre las barbas, y otras pegadas en el cristal de las gafas, cuando doña Berta le recibió en el salón, pálida, con la voz temblorosa, pero resuelta al sacrificio. Sin rodeos se fue al asunto, al negocio; hubiera sido absurdo y hasta una vergüenza enterar al señor Pumariega de los motivos sentimentales de aquella extraña resolución. El porqué no lo supo don Casto; pero ello era que doña Berta necesitaba, en dinero que ella pudiera llevar en el bolsillo, todo lo que valiera, bien vendido, Susacasa con su Aren y con Posadorio inclusive. La casa, sus dependencias, la llosa, el bosque, el prado, todo... pero en dinero. Si se le daban los cuartos en préstamos, con hipoteca de las fincas dichas, bien, ella no pensaba pagar muchos intereses, porque esperaba morirse pronto, y el señor Pumariega podía cargar con todo; si no quería él este negocio, la venta, la venta en redondo.

Cuando el señor Pumariega iba a pasmarse de la resolución casi sobrenatural de la Rondaliego, se acordó de que mucho más útil era pasar desde luego a considerar las ventajas del trato, sin sorpresa de ningún género. La admiración no venía a cuento, sobre todo desde el momento en que se le proponía un buen negocio. Así, pues, como si se tratase de venderle unas cuantas pipas de manzana o la hierba de aquella otoñada, don Casto entró *de lleno* en el asunto, sin manifestar sorpresa ni curiosidad siquiera.

Y siguiendo su costumbre, al exponer sus argumentos para demostrar las ventajas del préstamo con hipoteca llamaba a los contratantes A y B. «El prestamista B, la hipoteca H, el precio C...». Así hablaba don Casto, que odiaba los personalismos, y no veía en la *parte contraria* jamás un ser vivo, un semejante, sino una *letra*, elemento de una fórmula que había que eliminar. Doña Berta, que a fuerza de administrar muchos años sus intereses había adquirido cierta experiencia y alguna malicia, se veía como una mosca metida en la red de la araña; pero le importaba poco. Don Casto insistía en querer engañarla, en hacerla ver que no perdía a Susacasa necesariamente en las combinaciones que él la proponía; ella fingió que caía en la trampa; comprendió que de aquella aventura salía Pumariega dueño de los dominios de Rondaliego, pero en eso precisamente consistía su sacrificio; a eso iba ella, a que la crucificara aquel sayón. Y decidido esto, lo que la tenía anhelante, pendiente de los labios del judío, obsequioso hasta adulador y servil, era... la cantidad, los miles de duros que había de entregarle el ratón del campo. Al fijar números don Casto, doña Berta sintió que el corazón le saltaba de alegría; el usurero ofrecía mucho más de lo que ella podía esperar; no creía que sus dominios mermados y empobrecidos pudieran responder de tantos miles de duros. —Cuando Pumariega salía de Posadorio, Sabelona y el casero, que le ayudaban a montar mirándole de reojo, le vieron sonreír como siempre; pero además los ojuelos le echaban chispas que atravesaban los cristales de las gafas. Poco después, en una altura que dominaba a Zaornín, don Casto se detuvo y dio vuelta al caballo para contemplar el perímetro y el buen aspecto de sus *nuevas posesiones*. Siempre llamaba él *posesión*, por falsa modestia, a lo que sabía hacer suyo con todas las áncoras y garras del dominio quiritario que le facilitaban el papel sellado y los libros del Registro. Tres días después estaba Pumariega otra vez en Posadorio acompañado del nuevo notario, obra suya, y de varios testigos y peritos, todos sus deudores. No fue cosa tan sencilla y breve como doña Berta deseaba, y se había figurado, dejar toda la lana a merced de las frías tijeras del señor Pumariega; este quería seguridades de mil géneros y aturdir a la *parte contraria*, a fuerza de ceremonias y complicaciones legales. A lo único que se opuso con toda energía doña Berta fue a *personarse* en la capital del concejo. Eso no; ella no quería moverse de Susacasa... hasta el día de salir a tomar el tren para Madrid. Todo se arregló, en fin, y doña Berta vio el momento de tener en su cofrecillo de secretos antiguos los miles de duros que le *prestaba* el usurero. Bien comprendía ella que para siempre jamás se despedía de Posadorio, del Aren, de todo... ¿Cómo iba a pagar nunca aquel dineral que le entregaban? ¿Cómo había de pagar siquiera, si vivía algunos años, los intereses? Podría haber un milagro. Sólo así. Si el milagro venía, Susacasa seguiría siendo suyo, y siempre era una ventaja esta esperanza, o por lo menos un consuelo. —Sí; todo lo perdía. Pero el caso era pagar las deudas de su hijo, comprar el cuadro... y después morir de hambre si era necesario—. ¿Y Sabelona? Don Casto había dado a entender bien claramente que él necesitaba *garantías* para la seguridad de su hipoteca mediante la vigilancia de un diligentísimo padre de familia sobre los bienes en que la dicha hipoteca consistía; él no tenía inconveniente en que el *casero* siguiera en la *casería* por ahora; pero en cuanto a las llaves de Posadorio y al cuidado del *Palacio* y sus dependencias... prefería que corriesen de su propia cuenta. De modo que Sabelona no podía quedar en Posadorio. El ama vaciló antes de proponerla llevársela consigo; era cuestión de gastos; había que hacer economías, mermar lo menos posible su caudal, que ella no sabía si podría alcanzar a la deuda y al precio del cuadro; todo gasto de que se pudiese prescindir, había que suprimirlo. —Sabelona era una boca más, un huésped más, un viajero más. Doble gasto casi—. Con todo, prometiéndose ahorrar este dispendio en el regalo de su propia persona, doña Berta propuso a la criada llevarla a Madrid consigo.

Sabelona no tuvo valor para aceptar. Ella no se había vuelto loca como el ama, y veía el peligro. Demasiadas desgracias le caían encima sin buscar esa otra, la mayor, la muerte segura. ¡Ella a Madrid! —siempre había pensado en esas cosas de tan lejos vagamente, como en la otra vida; no estaba segura de que hubiera países tan distantes de Susacasa... ¡Madrid! El tren... tanta gente... tantos caminos... ¡Imposible! Que dispensara el ama, pero Sabel no llegaba en su cariño y lealtad a ese extremo. Se le pedía una acción heroica, y ahí no llegaba ella. Sabelona, como san Pedro, negó a su señora, desertó de su locura ideal, la abandonó en el peligro, al pie de la cruz. Así como si doña Berta se estuviera muriendo. Sabelona lo sentiría infinito, pero no la acompañaría a la sepultura, así la abandonara al borde del camino de Madrid. La criada tenía unos parientes lejanos en un concejo vecino, y allá se iría, bien a su pesar, durante la ausencia del ama, ya que el señor Pumariega quería llevarse las llaves de Posadorio, contra todas las leyes divinas y humanas, según Sabel.

—Pero, ¿no es usted el ama? ¿Qué tiene él que mandar aquí?

—Déjame de cuentos, Isabel; manda todo lo que quiere, porque es quien me da el dinero. Esto es ya como suyo.

Doña Berta sintió en el alma que su compañera de tantos años, de toda la vida, la abandonase en el trance supremo a que se arriesgaba; pero perdonó la flaqueza de la criada, porque ella misma necesitaba de todo su valor, de su resolución inquebrantable, para salir de su casa y meterse en aquel laberinto de caminos, de pueblos, de ruido y de gentes extrañas, *enemigas*. Suspiró la pobre señora, y se dijo: «Ya que Sabel no viene... me llevaré al *gato*». Cuando la criada supo que el *gato* también se iba, le miró asustada, como consultándole. No le parecía justo, valga la verdad, abusar del pobre animal porque no podía decir que no, como ella; pero si supiese en la que le metían, estaba segura de que tampoco el *gato* quería acompañar a su dueña. Sabel no se atrevió, sin embargo, a oponerse, por más que el animalito le había traído ella a casa; era en rigor, suyo. Ella tampoco podría levarlo a casa de los parientes lejanos: *dos bocas* más eran demasiado. Y en Posadorio no podía quedar solo, y menos con don Casto, que lo mataría de hambre. Se decidió que el *gato* iría a Madrid con doña Berta.

VII

Una mañana se levantó Sabelona de su casto lecho, se asomó a una ventana de la cocina, miró al cielo, con una mano puesta delante de los ojos a guisa de pantalla, y con gesto avinagrado y voz más agria todavía, exclamó, hablando a solas, contra su costumbre:

«¡Bonito día de viaje!». Y enseguida pensó, pero sin decirlo: «¡El último día!». Encendió el fuego, barrió un poco, fue a buscar agua fresca, se hizo su café, después el chocolate del alma: y como si allí no fuera a suceder nada extraordinario, dio los golpes de ordenanza a la puerta de la alcoba de doña Berta, modo usual de indicarle que el desayuno la esperaba; y ella, Sabel, como si no se *acabara todo* aquella misma mañana, como si lo que iba a pasar dentro de una hora no fuese para ella una especie de fin del mundo, se entregó a la rutinaria marcha de sus faenas domésticas, inútiles en gran parte esta vez, puesto que aquella noche ya no dormiría nadie en Posadorio.

Mientras ella fregaba un cangilón, por el postigo de la huerta, que estaba al nivel de la cocina, entró el gato, cubierto de rocío, con la *cierza* de aquella mañana plomiza y húmeda pegada al cuerpo blanco y reluciente. Sabel le miró con cariño, envidia y lástima.

Y se dijo: «¡Pobre animal! no sabe lo que le espera». El gato positivamente no había hecho ningún preparativo de viaje; aquella vida que llevaba, para él desde tiempo inmemorial, seguramente le parecía eterna. La posibilidad de una mudanza no entraba en su metafísica. Se puso a lamer platos de la cena de la víspera, como hubiera hecho en su caso un buen epicurista.

Doña Berta entró silenciosa; vio el chocolate sobre la masera, y allí, como siempre, se puso a tomarlo. Los preparativos de la marcha estaban hechos, hasta el último pormenor, desde muchos días atrás. No había más que marchar, y, antes, despedirse. Ama y criada apenas hablaron en aquella última escena de su vida común. Pasó una hora, y llegó don Casto Pumariega que se había *encargado de todo* con una amabilidad que nadie tenía valor para agradecerle. Él llevaría a doña Berta hasta la misma estación, la más próxima a Zaornín, facturaría el equipaje, la metería a ella en un coche de segunda (no había querido doña Berta primera, por ahorrar) y vamos andando. En Madrid le esperaba el dueño de una casa de pupilos barata. La había escrito don Casto, para que le agradeciese el favor de enviarle un huésped. Allí paraba él cuando iba a Madrid, y eso que era tan rico.

Con don Casto se presentó en la cocina el mozo a quien había alquilado Pumariega un borrico en que había de montar doña Berta para llegar a la estación, a dos leguas de Posadorio. Ama y criada, que habían callado tanto, que hasta parecían hostiles una a otra aquella mañana, como si mutuamente se acusaran en silencio de aquella separación, en presencia de los *que venían a buscarla* sintieron una infinita ternura y gran desfallecimiento; rompieron a llorar, y lloraron largo rato abrazadas.

El gato dejó de lamer platos y las miraba pasmado.

Aquello era nuevo en aquella casa donde el cariño no tenía expresión. Todos se querían, pero no se acariciaban. A él mismo se le daba muy buena vida, pero nada de besos ni halagos. Por si acaso se acercó a las faldas de sus viejas y puso mala cara al señor Pumariega.

Doña Berta pidió un momento a don Casto, y salió por el postigo de la huerta. Subió el repecho, llegó a lo más alto, y desde allí contempló sus dominios. La espesura se movía blandamente, reluciendo con la humedad, y parecía quejarse en voz baja. Chillaban algunos gorriones. Doña Berta no tuvo ni el consuelo de poetizar la solemne escena de despedida. La Naturaleza ante su imaginación apagada y preocupada no tuvo esa piedad de personalizarse que tanto alivio suele dar a los soñadores melancólicos. Ni el Aren, ni la llosa, ni el bosque, ni el *palacio* le dijeron nada. Ellos se quedaban allí, indolentes, sin recuerdos de la ausencia; su egoísmo era el mismo de Sabel, aunque más franco: el que el gato hubiera mostrado si hubiesen consultado su voluntad respecto del viaje. No importaba. Doña Berta no se sentía amada por sus tierras, pero en cambio ella las amaba infinito. Sí, sí. En el mundo no se quiere sólo a los hombres, se quiere a las cosas. El Aren, la llosa, la huerta, Posadorio, eran algo de su alma, por sí mismos, sin necesidad de reunirlos a recuerdos de amores humanos. A la Naturaleza hay que saber amarla como los amantes verdaderos aman, a pesar del desdén. Adorar el ídolo, adorar la piedra, lo que no siente ni puede corresponder, es la adoración suprema. El mejor creyente es el que sigue postrado ante el ara sin dios. Chillaban los gorriones, parecían decir: «A nosotros

¿qué nos cuenta usted? Usted se va, nosotros nos quedamos; usted es loca, nosotros no; usted va a buscar el retrato de su hijo... que no está usted segura de que sea su hijo. Vaya con Dios». Pero doña Berta perdonaba a los pájaros, al fin chiquillos, y hasta el mismo Aren verde, que más cruel aún, callaba. El bosque se quejaba, ese sí; pero poco, como un niño que, cansado de llorar, convierte en ritmo su queja y se divierte con su pena; y doña Berta llegó a notar, con la clarividencia de los instantes supremos ante la naturaleza, llegó a notar que el bosque no se quejaba porque ella se iba; siempre se quejaba así; aquel frío de la mañana plomiza y húmeda era una de las mil formas del hastío que tantas veces se puede leer en la naturaleza. El bosque se quejaba, como siempre, de ese aburrimiento de cuanto vive pegado a la tierra y de cuanto rueda por el espacio en el mundo, sujeto a la gravedad, como a una cadena. Todas las cosas que veía se la aparecieron entonces a ella como presidiarios que se lamentan de sus prisiones y sin embargo, aman su presidio. Ella, como era libre, podía romper la cadena, y la había roto...; pero agarrada a la cadena se le quedaba la mitad del alma. «¡Adiós, adiós!», se decía doña Berta, queriendo bajar aprisa; y no se movía. En su corazón había el dolor de muchas generaciones de Rondaliegos que se despedían de su tierra. El padre, los hermanos, los abuelos... todos allí, en su pecho y en su garganta, ahogándose de pena con ella...

—Pero, doña Berta, ¡que *vamos* a perder el tren! —gritó allá abajo Pumariega; y a ella le sonó como si dijese: «Que va usted a perder la horca».

En el patio estaba ya don Casto y el espolique; el verdugo y su ayudante, y también el burro en que doña Berta había de montar para ir al *palo*.

El gato iba en una cesta.

VIII

Amanecía, y la nieve que caía a montones, con su silencio felino que tiene el aire traidor del andar del gato, iba echando, capa sobre capa, por toda la anchura de la Puerta del Sol, paletadas de armiño, que ya habían borrado desde horas atrás las huellas de los transeúntes trasnochadores. Todas las puertas estaban cerradas. Sólo había una entreabierta, la del Principal; una mesa con buñuelos, que alguien había intentado sacar al aire libre, la habían retirado al portal de Gobernación. Doña Berta, que contemplaba el espectáculo desde una esquina de la calle del Carmen, no comprendía por qué dejaban freír buñuelos, o, por lo menos, venderlos en el portal del Ministerio; pero ello era que por allí había desaparecido la mesa, y tras ella dos guardias y uno que parecía de telégrafos. Y quedó la plaza sola; solas doña Berta y la nieve. Estaba inmóvil la vieja; los pies calzados con chanclos, hundidos en la blandura; el paraguas abierto, cual forrado de tela blanca. «Como allá, pensaba, así está el Aren». Iba a misa de alba. La iglesia era su refugio; sólo allí encontraba algo que se pareciese a lo de allá. Sólo se sentía unida a sus *semejantes* de la corte por el vínculo religioso. «Al fin, se decía, todos católicos, todos hermanos». Y esta reflexión le quitaba algo del miedo que le inspiraban todos los desconocidos, más que uno a uno, considerados en conjunto, como multitud, como *gente*. La misa era como la que ella oía en Zaornín, en la hijuela de Pie del Oro. El cura decía lo mismo y hacía lo mismo. Siempre era un consuelo. El oír todos los días misa era por esto; pero el madrugar tanto era por otra cosa. Contemplar a Madrid desierto la reconciliaba un poco con él. Las calles le parecían menos enemigas, más semejantes a las callejas; los árboles más semejantes a los *árboles de verdad*. Había querido pasear por las afueras..., ¡pero estaban tan lejos! ¡Las piernas suyas eran tan flacas, y los coches tan caros y tan peligrosos...! Por fin, una, dos veces, llegó a los límites de aquel caserío que se le antojaba inacabable...; pero renunció a tales descubrimientos, porque el *campo* no era campo, era un desierto, ¡todo pardo, ¡todo seco! Se le apretaba el corazón, y se tenía una lástima infinita. «¡Yo debía haberme muerto sin ver esto, sin saber que había esta desolación en el mundo; para una pobre vieja de Susacasa, aquel rincón de la verde alegría, es demasiada pena estar tan lejos del verdadero mundo, de la verdadera tierra, y estar separada de la frescura, de la hierba, de las ramas, por estas leguas y leguas de piedra y polvo». Mirando las tristes lontananzas, sentía la impresión de mascar polvo y manosear a todo lo que la rodeaba, que a veces, en mitad del arroyo, tenía que contenerse para no pedir socorro, para no pedir que por caridad la llevasen a Posadorio. A pesar de tales tristezas, andaba por la calle sonriendo de miedo a la multitud, de quien era cortesana, a la que quería halagar, adular, para que no le hiciesen daño. Dejaba la acera a todos. Como era sorda, quería adivinar con la mirada si los transeúntes con quienes tropezaba le decían algo; y por eso sonreía, y saludaba con cabezadas expresivas, y murmuraba excusas. La multitud debía de simpatizar con la pobre anciana, pulcra, vivaracha, vestida de seda de color de tabaco; muchos le sonreían también, le dejaban el paso franco; nadie la había robado ni pretendido estafar. Con todo, ella no perdía el miedo, y no se sospecharía, al verla detenerse y santiguarse antes de salir del portal de su casa, que en aquella anciana era un heroísmo cada día el echarse a la calle.

Temía a la multitud..., pero sobre todo temía el ser atropellada, pisada, triturada por caballos, por ruedas. Cada coche, cada carro, era una fiera suelta que se le echaba encima. Se arrojaba a atravesar la Puerta del Sol como una mártir cristiana podía entrar en la arena del circo. El tranvía le parecía un monstruo cauteloso, una serpiente insidiosa. La guillotina se la figuraba como una cosa semejante a las ruedas escondidas resbalando como una cuchilla sobre las dos líneas de hierro. El rumor de ruedas, pasos, campanas, silbatos y trompetas llegaba a su cerebro confuso, formidable, en su misteriosa penumbra del sonido. Cuando el tranvía llegaba por detrás y ella advertía su proximidad por señales que eran casi adivinaciones, por una especie de reflejo del peligro próximo en los demás transeúntes, por un temblor suyo, por el indeciso rumor, se apartaba doña Berta, con ligereza nerviosa, que parecía imposible en una anciana; dejaba paso a la fiera, volviéndole la cara, y también sonreía al tranvía, y hasta le hacía una involuntaria reverencia; pura adulación, porque en el fondo del alma lo aborrecía, sobre todo por traidor y alevoso. ¡Cómo se echaba encima! ¡Qué bárbara y refinada crueldad!... Muchos transeúntes la habían salvado de graves peligros, sacándola de entre los pies de los caballos o las ruedas de los coches; la cogían en brazos, le daban empujones por librarla de un atropello... ¡Qué agradecimiento el suyo! ¡Cómo se volvía hacia su salvador deshaciéndose en gestos y palabras de elogio y reconocimiento! «Le debo a usted la vida. Caballero, si yo pudiera hacer algo...» Y la dejaban con la palabra en la boca aquellas providencias de paso. «¿Por qué tendré yo miedo a la gente, si hay tantas personas buenas que la sacan a una de las garras de la muerte?». No la extrañaría que la muchedumbre indiferente la dejase pisotear por un caballo, partir en dos por una rueda, sin tenderle una mano, sin darle una voz de aviso. ¿Qué tenía ella que ver con todos aquellos desconocidos? ¿Qué importaba ella en el mundo, fuera de Zaornín, mejor, de Susacasa? Por eso agradecía tanto que se le ayudase a huir de un coche del tranvía... También ella quería servir al prójimo. La vida de la calle era, en su sentir, como una batalla de todos los días, en que entraban descuidados, valerosos, todos los habitantes de Madrid: la batalla de los choques, de los atropellos; pues en esa jornada de peligros sin fin, quería ella también ayudar a sus semejantes, que al fin lo eran, aunque tan extraños, tan desconocidos. Y siempre caminaba ojo avizor, supliendo el oído con la vista, con la atención preocupada con sus pasos y los de los demás. En cada bocacalle, en cada paso de adoquines, en cada plaza había un *tiroteo*, así se lo figuraba, de coches y caballos, los mayores peligros; y al llegar a estos tremendos trances de cruzar la vía pública, redoblaba su atención, y, con miedo y todo, pensaba en los demás como en sí misma; y grande era su satisfacción cuando podía salvar de un percance de aquellos a un niño, a una pobre vieja, como ella; a quienquiera que fuese. Un día, a la hora de mayor circulación, vio desde la acera del Imperial a un borracho que atravesaba la Puerta del Sol, haciendo grandes eses, con mil circunloquios y perífrasis de los pies; y en tanto, tranvías, ripperts y simones, ómnibus y carros, y caballos y mozos de cordel cargados iban y venían, como saetas que se cruzan en el aire... Y el borracho *sereno*, a fuerza de no estarlo, tranquilo, caminaba agotando el tratado más completo de curvas, imitando toda clase de órbitas y *eclípticas*, sin soñar siquiera con el peligro, con aquel fuego graneado de muertes seguras que iba atravesando con sus traspiés. Doña Berta le veía avanzar, retroceder, librar por milagro de cada tropiezo, perseguido en vano por los gritos desdeñosos de los cocheros y jinetes...; y ella, con las manos unidas por las palmas, rezaba a Dios por aquel hombre desde la acera, como hubiera podido desde la costa orar por la vida de un náufrago que se ahogara a su vista.

Y no respiró hasta que vio el de la *mona* en el puerto seguro de los brazos de un polizonte, que se lo llevaba no sabía ella adónde. ¡La Providencia, el Ángel de la Guarda, sin duda alguna, por la suerte y los malos pasos de los borrachos de la corte!

Aquella preocupación constante del ruido, del tránsito, de los choques y los atropellos, había llegado a ser una obsesión, una manía, la inmediata impresión material constante, repetida sin cesar, que la apartaba, a pesar suyo, de sus grandes pensamientos, de su vida atormentada de *pretendiente*. Sí, tenía que confesarlo; pensaba mucho más en los peligros de las masas de gente, de los coches y tranvías, que en *su pleito*, en su descomunal combate con aquellos ricachones que se oponían a que ella lograse el anhelo que la había arrastrado hasta Madrid. Sin saber cómo ni por qué, desde que se había visto fuera de Posadorio, sus ideas y su corazón habían padecido un trastorno; pensaba y sentía con más egoísmo; se tenía mucha lástima a sí misma, y se acordaba con horror de la muerte. ¡Qué horrible debía de ser irse nada menos que a *otro* mundo, cuando ya era tan gran tormento dar unos pasos fuera de Susacasa, por esta misma tierra, que, lo que es parecer, parecía otra! Desde que se había metido en el tren, le había acometido un ansia loca de volverse atrás, de apearse, de echar a correr en busca de los *suyos*, que eran Sabelona y los árboles, y el prado y el palacio..., todo aquello que dejaba tan lejos. Perdió la noción de las distancias y se le antojó que había recorrido espacios infinitos; no creía imposible que se pudiera desandar lo andado en menos de siglos. ¡Y qué dolor de cabeza! ¡Y qué *fugitiva* le parecía la existencia de todos los demás, de todos aquellos desconocidos *sin historia* tan indiferentes, que entraban y salían en el coche de segunda en que iba ella, que le pedían billetes, que le ofrecían servicios que le llevaban en un cochecillo a una posada! ¡Estaba perdida, perdida en el gran mundo, en el infinito universo, en un universo poblado de fantasmas! Se le figuraba que habiendo tanta gente en la tierra, perdía valor cada cual; la vida de este, del otro no importaba nada; y así debían de pensar las demás gentes a juzgar por la indiferencia con que se veían, se hablaban y se separaban para siempre. Aquel teje maneje de la vida; aquella confusión de las gentes, se le antojaba como los enjambres de mosquitos de que ella huía en el bosque y junto al río en verano. Pasó algunos días en Madrid sin pensar en moverse, sin imaginar que fuera posible empezar de algún modo sus diligencias para averiguar lo que necesitaba saber, lo que la llevaba a la corte. Positivamente había sido una locura. Por lo pronto, pensaba en sí misma, en no morirse de asco en la mesa, de tristeza en su cuarto interior con vistas a un callejón sucio que llamaban patio, de frío en la cama estrecha, sórdida, dura, miserable. Cayó enferma. Ocho días de cama le dieron cierto valor; se levantó algo más dispuesta a orientarse en aquel infierno que no había sospechado que existiera en este mundo. El ama de la posada llegó a ser una amiga; tenía ciertos visos de caritativa; la miseria no le dejaba serlo por completo. Doña Berta empezó a preguntar, a inquirir...; salió de casa. Y entonces fue cuando empezó la fiebre del peligro de la calle. Esta fiebre no había de pasar como la otra. Pero en fin, entre sus terrores, entre sus *batallas* llegó a averiguar algo; que el cuadro que buscaba *yacía* depositado en un caserón cerrado al público, donde le tenía el Gobierno hasta que se decidiera si se quedaba con él un ministro o se lo llevaba un señorón americano para su palacio de Madrid primero, y después tal vez para su palacio de La Habana. Todo esto sabía, pero no el precio del cuadro, que no había podido ver todavía. Y en esto andaba; en los pasos de sus pretensiones para verlo.

Aquella mañana fría, de nieve, era la de un día que iba a ser solemne para doña Berta; le habían ofrecido, por influencia de un compañero de pupilaje, que se le dejaría ver, por favor, el cuadro famoso, que ya no estaba expuesto al público, sino tendido en el suelo, para empaquetarlo, en una sala fría y desierta, allá en las afueras. ¡Pícara casualidad! O aquel día, o tal vez nunca. Había que atravesar mucha nieve... No importaba. Tomaría un simón, por extraordinario, si era que los dejaban circular aquel día. ¡Iba a ver a *su hijo*! Para estar bien preparada, para ganar la voluntad divina a fin de que todo le saliera bien en sus atrevidas pretensiones, primero iba a la iglesia a misa de alba. La Puerta del Sol, nevada, solitaria, silenciosa, era de buen agüero. «Así estará allá. ¡Qué limpia sábana!, ¡qué blancura sin mancha! Nada de caminitos, nada de sendas de barro y escarcha, nada de huellas... Se parece a la nieve del Aren, que nadie pisa».

IX

En la iglesia, oscura, fría, solitaria, ocupó un rincón que ya tenía por suyo. Las luces del altar y de las lámparas le llevaban un calorcillo familiar, de hogar querido, al fondo del alma. Los murmullos del latín del cura, mezclados con toses del asma, le sonaban a gloria, a cosa de allá. Las imágenes de los altares que se perdían vagamente en la penumbra, hablaban con su silencio de la solidaridad del cielo y la tierra, de la constancia de la fe, de la unidad del mundo, que era la idea que perdía doña Berta (sin darse cuenta de ello, es claro) en sus horas de miedo, decaimiento, desesperación. Salió de la iglesia animada, valiente, dispuesta a luchar por su causa. A buscar *al hijo...* y a los acreedores del hijo.

Llegó la hora, después de almorzar mal, deprisa y sin apetito; salió sola con su tarjeta de recomendación, tomó un coche de punto, dio las señas del barracón lejano, y al oír al cochero blasfemar y ver que vacilaba, como buscando un pretexto para no ir tan lejos, sonriente y persuasiva dijo doña Berta: «¡Por horas!» y a poco, paso tras paso, un triste animal amarillento y escuálido la arrastraba calle arriba. Doña Berta, con su tarjeta en la mano, venció dificultades de portería, y después de andar de sala en sala, muerta de frío, oyendo apagados los golpes secos de muchos martillos, que clavaban cajones, llegó a la presencia de un señor gordo, mal vestido, que parecía dirigir aquel estrépito y confusión de la mudanza del arte. Los cuadros se iban, los más ya se habían ido; en las paredes no quedaba casi ninguno. Había que andar con cuidado para no pisar los lienzos que tapizaban el pavimento: ¡los miles de duros que valdría aquella alfombra! Eran los cuadros grandes, algunos ya famosos, los que yacían tendidos sobre la tarima. El señor gordo leyó la tarjeta de doña Berta, miró a la vieja de hito en hito, y cuando ella le dio a entender sonriendo y señalando a un oído que estaba sorda, puso mala cara; sin duda le parecía un esfuerzo demasiado grande levantar un poco la voz en obsequio de aquel ser tan insignificante, recomendado por un cualquiera de los que se creen amigos y son *conocidos*, indiferentes.

—¿Conque quiere usted ver el cuadro de Valencia? Pues por poco se queda usted *in albis*, abuela. Dentro de media hora ya estará camino de *su casa*.

—¿Dónde está, dónde está?, ¿cuál es? —preguntó ella temblando.

—Ese.

Y el hombre gordo señaló con un dedo una gran sábana de tela gris, como sucia, que tenía a sus pies tendida.

—¡Ese, ese! Pero... ¡Dios mío!, ¡no se ve nada!

El *otro* se encogió de hombros.

—¡No se ve nada!... —repitió doña Berta con terror, implorando compasión con la mirada y el gesto y la voz temblorosa.

—¡Claro! Los lienzos no se han hecho para verlos en el suelo. Pero ¡qué quiere usted que yo le haga! Haber venido antes.

—No tenía recomendación. El público no podía entrar aquí. Estaba cerrado esto...

El hombre gordo y soez volvió a levantar los hombros, y se dirigió a un grupo de obreros para dar órdenes y olvidar la presencia de aquella dama vieja.

Doña Berta se vio sola, completamente sola ante la masa informe de manchas confusas, tristes, que yacía a sus pies.

—¡Y mi hijo está ahí! ¡Es eso... algo de eso gris, negro, blanco, rojo, azul, todo mezclado, que parece una costra!...

Miró a todos lados como pidiendo socorro.

—¡Ah, es claro! Por mi cara bonita no han de clavarlo de nuevo en la pared... Ni marco tiene...

Cuatro hombres de blusa, sin reparar en la anciana, se acercaron a la tela, y con palabras que doña Berta no podía entender, comenzaron a tratar de la manera mejor de levantar el cuadro y llevarlo a lugar más cómodo para empaquetarlo...

La pobre setentona los miraba pasmada, queriendo adivinar su propósito... cuando dos de los mozos se inclinaron para echar mano a la tela, doña Berta dio un grito.

—¡Por Dios, señores! ¡Un momento!... —exclamó agarrándose con dedos que parecían tenazas a la blusa de un joven rubio y de cara alegre—. ¡Un momento!... ¡Quiero verle!... ¡Un instante!... ¡Quién sabe si volveré a tenerle delante de mí!

Los cuatro mozos miraron con asombro a la vieja y soltaron sendas carcajadas.

—Debe de estar loca —dijo uno.

Entonces doña Berta, que no lloraba a menudo, a pesar de tantos motivos, sintió, como un consuelo, dos lágrimas que asomaban a sus ojos. Resbalaron claras, solitarias, solemnes, por sus enjutas mejillas.

Los obreros las vieron correr, y cesaron de reír.

No debía de estar loca. Otra cosa sería. El rubio risueño la dio a entender que ellos no mandaban allí, que el cuadro aquel no podía verse ya más tiempo, porque mudaba de casa: lo llevaban a la de su dueño, un señor americano muy rico que lo había comprado.

—Sí, ya sé..., por eso... yo tengo que ver esa figura que hay en el medio...

—¿El capitán?

—Sí, eso es, el capitán. ¡Dios mío!... Yo he venido de mi pueblo, de mi casa, nada más que por esto, por ver al capitán..., y si se lo llevan, ¿quién me dice a mí que podré entrar en el palacio de ese señorón? Y mientras yo intrigo para que me dejen entrar, ¿quién sabe si se llevarán el cuadro a América?

Los obreros acabaron por encogerse de hombros, como el señor gordo, que había desaparecido de la sala.

—Oigan ustedes —dijo doña Berta—; un momento... ¡por caridad! Esta escalera de mano que hay aquí puede servirme... Sí; si ustedes me la acercan un poco... ¡yo no tengo fuerzas!...; si me la acercan aquí, delante de la pintura..., por este lado..., yo... podré subir..., subir tres, cuatro, cinco travesaños... agarrándome bien... ¡Vaya si podré!..., y desde arriba se verá algo.

—Va usted a matarse, abuela.

—No, señor, allá en la huerta, yo me subía para coger fruta y tender la ropa blanca... No me caeré, no. ¡Por caridad! Ayúdenme. Desde ahí arriba, volviendo bien la cabeza, debe de verse algo... ¡Por caridad! Ayúdenme.

El mozo rubio tuvo lástima; los otros no. Impacientes, echaron mano a la tela, en tanto que su compañero, con mucha prisa, acercaba la escalera; y mientras la sujetaba por un lado para que no se moviera, daba la mano a doña Berta, que, apresurada y temblorosa, subía con gran trabajo uno a uno aquellos travesaños gastados y resbaladizos. Subió cinco, se agarró con toda la fuerza que tenía a la madera, y doblando el cuello contempló el lienzo famoso... que se movía, pues los obreros habían comenzado a levantarlo. Como un fantasma ondulante, como un sueño, vio entre humo, sangre, piedras, tierra, colorines de uniformes, una figura que la miró a ella un instante con ojos de sublime espanto, de heroico terror...: la figura de *su capitán*, del que ella había encontrado, manchado de sangre también, a la puerta de Posadorio. Sí, era *su capitán*, mezclado con ella misma, con su hermano mayor; era un Rondaliego injerto en el esposo de su alma:

¡era su hijo! Pero pasó como un relámpago, moviéndose en zigzás, supino como si le llevaran a enterrar... Iba con los brazos abiertos, una espada en la mano, entre piedras que se desmoronan y arena, entre cadáveres y bayonetas. No podía fijar la imagen; apenas había visto más que aquella figura que le llenó el alma de repente, tan pálida, ondulante, desvanecida entre otras manchas y figuras... Pero la expresión de aquel rostro, la virtud mágica de aquella mirada, eran fijas, permanecían en el cerebro... Y al mismo tiempo que el cuadro desaparecía, llevado por los operarios, la vista se le nublaba, a doña Berta, que perdía el sentido, se desplomaba y venía a caer, deslizándose por la escalera, en los brazos del mozo compasivo que la había ayudado en su ascensión penosa.

Aquello también era un cuadro; parecía a su manera, un *Descendimiento*.

X

En el mismo coche que ella había tomado por horas, y la esperaba a la puerta, fue trasladada a su casa doña Berta, que volvió en sí muy pronto, aunque sin fuerzas para andar apenas. Otros dos días de cama. Después la actividad nerviosa, febril, resucitada; nuevas pesquisas, más olfatear recomendaciones para saber dónde vivía el dueño de *su capitán* y ser admitida en su casa, poder contemplar el cuadro... y abordar la cuestión magna... la de la *compra*.

Doña Berta no hablaba a nadie, ni aun a los que la ayudaban a buscar tarjetas de recomendación, de sus pretensiones enormes de adquirir aquella obra maestra. Tenía miedo de que supieran en la posada que era bastante rica para dar miles de duros por una tela, y temía que la robasen su dinero, que llevaba siempre consigo. Jamás había cedido al consejo de ponerlo en un Banco, de depositarlo... No entendía de eso. Podían estafarla; lo más seguro eran sus propias uñas. Cosidos los billetes a la ropa, al corsé: era lo mejor.

Aislada del mundo (a pesar de corretear por las calles más céntricas de Madrid) por la sordera y por sus costumbres, en que no entraban la de saber noticias por los periódicos —no los leía, ni creía en ellos—, ignoraba todavía un triste suceso, que había de influir de modo decisivo en sus propios asuntos. No lo supo hasta que logró, por fin, penetrar en el palacio de su *rival* el dueño del cuadro. Era un señor de su edad, aproximadamente, sano, fuerte, afable, que procuraba hacerse perdonar sus riquezas repartiendo beneficios; socorría a la desgracia, pero sin entenderla; no sentía el dolor ajeno, lo aliviaba; por la lógica llegaba a curar estragos de la miseria, no por revelaciones de su corazón, completamente ocupado con la propia dicha. Doña Berta le hizo gracia. Opinó, como los mozos aquellos del barracón de los cuadros, que estaba loca. Pero su locura era divertida, inofensiva, interesante. «¡Figúrense ustedes, decía en su tertulia de notabilidades de la banca y de la política, figúrense ustedes que quiere comprarme el *último cuadro de Valencia*!». Carcajadas unánimes respondían siempre a estas palabras.

El *último cuadro de Valencia* se lo había arrancado aquel prócer americano al mismísimo Gobierno a fuerza de dinero y de intrigas diplomáticas. Habían venido hasta recomendaciones del extranjero para que el pobre diablo del ministro de Fomento tuviera que ceder, reconociendo la prioridad del dinero. Además la justicia, la caridad, estaban de parte del fúcar. Los *herederos* de Valencia, que eran los hospitales, según su testamento, salían ganando mucho más con que el americano se quedara con la joya artística; pues el Gobierno no había podido pasar de la cantidad fijada como precio al cuadro en vida del pintor. Y el ricachón ultramarino pagaba su justo precio en consideración a ser venta póstuma. La cantidad a *entregar* había triplicado por el *accidente* de haber muerto el autor del cuadro aquel otoño, allá en Asturias, en un poblachón oscuro de los puertos, a consecuencia de un enfriamiento, de una gran mojadura. En la preferencia dada al más rico había habido algo de irregularidad legal; pero lo justo, en rigor, era que se llevase el cuadro el que había dado más por él.

Doña Berta no supo esto los primeros días que visitó el museo particular del americano. Tardó en conocer y hablar al millonario, que la había dejado entrar en su palacio por una recomendación, sin saber aún quién era, ni sus pretensiones. Los lacayos dejaban pasar a la vieja, que se limpiaba muy bien los zapatos antes de pisar aquellas alfombras, repartía sonrisas y propinas y se quedaba como en misa, recogida, absorta, contemplando siempre el mismo lienzo, *el del pleito*, como lo llamaban en la casa.

El cuadro, metido en su marco dorado, fijo en la pared, en aquella estancia lujosa, entre muchas otras maravillas del arte, le parecía otro a doña Berta. Ahora le contemplaba a su placer; leía en las facciones y en la actitud del héroe que moría sobre aquel montón sangriento y glorioso de tierra y cadáveres, en una aureola de fuego y humo; leía todo lo que el pintor había querido expresar; pero... no siempre reconocía a su hijo. Según las luces, según el estado de su propio ánimo, según había comido y bebido, así adivinaba o no en aquel capitán del cuadro famoso al hijo suyo y de *su capitán*. La primera vez que sintió vacilar su fe, que sintió la duda, tuvo escalofríos, y le corrió por el espinazo un sudor helado como de muerte.

Si perdía aquella íntima convicción de que el capitán del cuadro era su hijo, ¿qué iba a ser de ella? ¡Cómo entregar toda su fortuna, cómo abismarse en la miseria por adquirir un pedazo de lienzo que no sabía si era o no el sudario de la *imagen* de su hijo! ¡Cómo consagrarse después a buscar al acreedor o a su familia para pagarles la deuda de aquel héroe, si no era su hijo!

¡Y para dudar, para temer engañarse había entregado a la avaricia y la usura su Posadorio, su verde Aren! ¡Para dudar y temer había ella consentido en venir a Madrid, en arrojarse al infierno de las calles, a la batalla diaria de los coches, caballos y transeúntes!

Repitió sus visitas al palacio del americano, con toda la frecuencia que le consentían. Hubo día de acudir a su puesto, frente al cuadro, por mañana y tarde. Las propinas alentaban la tolerancia de los criados. En cuanto salía de allí, el anhelo de volver se convertía en fiebre. Cuando dudaba, era cuando más deseaba tornar a su contemplación, para fortalecer su creencia, abismándose como una estática en aquel rostro, en aquellos ojos a quien quería arrancar la revelación de su secreto. ¿Era o no era su hijo? «Sí, sí», decía unas veces el alma. «Pero, madre ingrata, ¿ni aun ahora me reconoces?», parecían gritar aquellos labios entreabiertos. Y otras veces los labios callaban y el alma de doña Berta decía: «¡Quién sabe, quién sabe! Puede ser casualidad el parecido, casualidad y aprensión. ¿Y si estoy loca? Por lo menos, ¿no puedo estar chocha? Pero, ¿y el tener algo de *mi capitán* y algo mío, de todos los Rondaliegos? ¡Es él... no es él!...».

Se acordó de los santos; de los santos místicos, a quienes también solía tentar el demonio; a quien olvidaba el

Señor de cuando en cuando, para probarlos, dejándolos en la aridez de un desierto espiritual.

Y los santos vencían; y aun oscurecido, nublado el sol de su espíritu... creían y amaban... oraban en la ausencia del Señor, para que volviera.

Doña Berta acabó por sentir la sublime y austera alegría de la *fe en la duda*. Sacrificarse por lo evidente, ¡vaya un triunfo! La valentía estaba en darlo todo, no por su fe... sino por *su duda*. En la duda amaba lo que tenía de fe, como las madres aman más y más al hijo cuando está enfermo o cuando se lo roba el pecado. «La fe débil, enferma» llegó a ser a sus ojos más grandes que la fe ciega, robusta.

Desde que sintió así, su resolución de mover cielo y tierra para hacer suyo el cuadro fue más firme que nunca.

Y en esta disposición de ánimo estaba, cuando por primera vez encontró al rico americano en el salón de su museo. El primer día no se atrevió a comunicarle su pretensión inaudita. Ni siquiera a preguntarle el precio de la pintura famosa. A la segunda entrevista, solicitada por ella, le habló solemnemente de su idea, de su ansia infinita de poseer aquel lienzo.

Ella sabía cuánto iba a dar por él, tiempo atrás, el Estado. Su caudal alcanzaba a tal suma, y aun sobraban miles de pesetas para pagar la *deuda de su hijo*, si los acreedores aparecían. Doña Berta aguardó anhelante la respuesta del millonario sin parar mientes en el asombro que él mostraba, y que ya tenía ella previsto. Entonces fue cuando supo por qué el pintor amigo no había contestado a la carta que le había enviado por un propio; supo que el compañero de *su hijo*, el artista insigne y simpático que había cambiado la vida de la última Rondaliego al final de su carrera, aquel aparecido del bosque...

había muerto allá, en la *tierra*, en una de aquellas excursiones suyas en busca de lecciones de la Naturaleza.

¡Y el cuadro de *su capitán*, por causa de aquella muerte, valía ahora tantos miles de duros, que todo Susacasa, aunque fuese tres veces más grandes, no bastaría para pagar aquellas pocas varas de tela!

La pobre anciana lloró, apoyada en el hombro del fúcar ultramarino, que era muy llano, y sabía tener todas las apariencias de los hombres caritativos... La buena señora estaba loca, sin duda; pero no por eso su dolor era menos cierto, y menos interesante la aventura. Estuvo amabilísimo con la abuelita; procuró engañarla como a los niños; todo menos, es claro, *soltar* el cuadro, no ya por lo que ella podía ofrecerle, sino por lo mismo que valía. ¡Estaría bien! ¿Qué diría el Gobierno? Además, aun suponiendo que la buena mujer dispusiera del capital que ofrecía, acceder a sus ruegos, era perderla, arruinarla; caso de prodigalidad, de locura. ¡Imposible!

Doña Berta lloró mucho, suplicó mucho, y llegó a comprender que el dueño de su bien único tenía bastante paciencia aguantándola, aunque no tuviera bastante corazón para ablandarse. Sin embargo, ella esperaba que Dios la ayudase con un milagro; se prometió sacar agua de aquella peña, ternura de aquel canto rodado que el millonario llevaba en el pecho. Así se conformó por lo pronto con que la dejara, mientras el cuadro no fuera trasladado a América, ir a contemplarlo todos los días; y de cuando en cuando también habría de tolerar que le viese a él, al ricachón, y le hablase y le suplicase de rodillas... A todo accedió el hombre, seguro de no dejarse vencer ¡es claro!, porque era absurdo.

Y doña Berta iba y venía, atravesando los peligros de las ruedas de los coches y de los cascos de los caballos;

cada vez más aturdida, más débil... y más empeñada en su imposible. Ya era famosa, y por loca reputada en el círculo de las amistades del americano y muy conocida de los habituales transeúntes de ciertas calles.

Medio Madrid tenía en la cabeza la imagen de aquella viejecilla sonriente, vivaracha, amarillenta, vestida de color de tabaco, con traje de moda atrasadísima, que huía de los ómnibus, que se refugiaba en los portales, y hablaba cariñosa y con mil gestos a la multitud que no se paraba a oírla.

Una tarde, al saber la de Rondaliego que el de La Habana se iba y se llevaba su *museo*, pálida como nunca, sin llorar, esto a duras penas, con la voz firme al principio, pidió la última conferencia a su verdugo; y a solas, frente a *su hijo*, testigo mudo, *muerto...*, le declaró su secreto, aquel secreto que andaba por el mundo en la carta perdida al pintor difunto. Ni por esas. El dueño del cuadro ni se ablandó ni creyó aquella *nueva locura*. Admitiendo que no fuera todo pura fábula, pura invención de la loca; suponiendo que, en efecto, aquella señora hubiera tenido un hijo natural, ¿cómo podía ella asegurar que tal hijo era el original del supuesto retrato del cuadro? Todo lo que doña Berta pudo conseguir fue que la permitieran asistir al acto solemne y triste de descolgar el cuadro y empaquetarlo para el largo viaje; se la dejaba ir a despedirse para siempre de su capitán, de su *presunto hijo*. Algo más ofreció el millonario: guardar el *secreto*, por de contado; pero sin perjuicio de iniciar pesquisas para la identificación del original de aquella figura, en el supuesto de que no fuera pura fábula lo que la anciana refería. Y doña Berta se despidió hasta el día siguiente, el último, relativamente tranquila, no porque se resignase, sino porque todavía esperaba vencer. Sin duda quería Dios probarla mucho, y reservaba para el último instante el milagro. «¡Oh, pero habría milagro!».

XI

Y aquella noche soñó doña Berta que de un pueblo remoto, allá en los puertos de su tierra, donde había muerto el pintor amigo, llegaba como por encanto, con las alas del viento, un señor notario, pequeño, pequeñísimo, casi enano, que tenía voz de cigarra y gritaba agitando en la mano un papel amarillento: «¡Eh, señores! deténganse; aquí está el último testamento, el verdadero, el otro no vale; el *cuadro de doña Berta* no lo deja el autor a los hospitales; se lo regala, como es natural, a la madre de *su capitán*, de su amigo... conque recoja usted los cuadros, señor americano el de los millones, y venga el cuadro...; pase a su dueño legítimo doña Berta Rondaliego».

Despertó temprano, recordó el sueño y se puso de mal humor, porque aquella solución, que hubiera sido muy a propósito para realizar el milagro que esperaba la víspera, ya había que descartarla. ¡Ay! ¡Demasiado sabía ella, por toda la triste experiencia de su vida, que las cosas soñadas no se cumplen!

Salió al comedor a pedir el chocolate, y se encontró allí con un incidente molesto, que era importuno sobre todo, porque haciéndola irritarse, le quitaba aquella unción que necesitaba para ir a dar el último ataque al empedernido Creso y a ver si *había milagro*.

Ello era que la pupilera, doña Petronila, le ponía sobre el tapete (el tapete de la mesa del comedor) la cuestión eterna, única, que dividía a aquellas dos pacíficas mujeres, la cuestión del *gato*. No se le podía sufrir, ya se lo tenía dicho; parecía montés; con sus mimos de *gato único* de dos viejas de edad, con sus costumbres de animal campesino, independiente, terco, revoltoso y huraño, salvaje, en suma, no se le podía aguantar. Como no había huerta adonde poder salir, ensuciaba toda la casa, el *salón* inclusive; rompía vasos y platos, rasgaba sillas, cortinas, alfombras, vestidos; se comía las golosinas y la carne. Había que tomar una medida. O salían de casa el gato y su ama, o esta accedía a una reclusión perpetua del animalucho en lugar seguro, donde no pudiera escaparse. Doña Berta discutió, defendió a libertad de su mejor amigo, pero al fin cedió, porque no quería complicaciones domésticas en un día tan solemne para ella. El *gato* de Sabelona fue encerrado en la guardilla, en una trastera, prisión segura, porque los hierros del tragaluz tenían red de alambre. Como nadie habitaba por allí cerca, los gritos del prisionero no podían interrumpir el sueño de los vecinos; nadie lo oiría, aunque se volviera tigre para vociferar su derecho al aire libre.

Salió doña Berta de su posada, triste, alicaída, disgustada y contrariada con el incidente del gato y el recuerdo del sueño, que tan bueno hubiera sido para realidad. Era día de fiesta; la circulación a tales horas producía espanto en el ánimo de la Rondaliego. El piso estaba resbaladizo, seco y pulimentado por la helada... Era temprano; había que hacer tiempo. Entró en la iglesia, oyó dos misas; después fue a una tienda a comprar un collar para el gato, con ánimo de bordarle en él unas iniciales, por si se perdía, para que pudiera ser reconocido... Por fin, llegó la hora. Estaba en la Carrera de San Jerónimo; atravesó la calle; a fuerza de cortesías y codazos discretos, temerosos, se hizo paso entre la multitud que ocupaba la entrada del Imperial. Llegó al trance serio, el de cruzar la calle de Alcalá. Tardó un cuarto de hora en decidirse. Aprovechó una *clara*, como ella decía, y, levantando un poco el vestido, echó a correr... y sin novedad, entre la multitud que se la tragaba como una ola, arribó a la calle de la

Montera, y la subió despacio, porque se fatigaba. Se sentía más cansada que nunca. Era la debilidad acaso; el chocolate se le había atragantado con la *riña del gato*. Atravesó la red de San Luis, pensando: «Debía haber cruzado por abajo, por donde la calle es más estrecha». Entró en la calle Fuencarral, que era de las que más temía; allí los raíles del tranvía le parecían navajas de afeitar al ras de sus carnes: ¡iban tan pegados a la acera! Al pasar frente a un caserón antiguo que hay al comenzar la calle, se olvidó por un momento, contra su costumbre, del peligro y de sus cuidados para no ser atropellada; y pensó: «Ahí creo que vive el señor Cánovas... Ese podía hacerme el milagro. Darme... una Real orden... yo no sé... en fin, un *vale* para que el señor americano tuviera que venderme el cuadro a la fuerza... Dicen que este don Antonio manda tanto... ¡Dios mío! El mandar mucho debe servir para esto, para mandar las cosas justas que no están en las leyes». Mientras meditaba así había dado algunos pasos sin sentir por dónde iba. En aquel momento oyó un ruido confuso como dos voces, vio manos tendidas hacia ella, sintió un golpe en la espalda... que la pisaban el vestido. «El tranvía», pensó. Ya era tarde. Sí, era el tranvía. Un caballo la derribó, la pisó; una rueda le pasó por medio del cuerpo. El vehículo se detuvo antes de dejar atrás a su víctima. Hubo que sacarla con gran cuidado de entre las ruedas. Ya parecía muerta. No tardó diez minutos en estarlo de veras. No habló, ni suspiró ni nada. Estuvo algunos minutos depositada sobre la acera, hasta que llegara la autoridad. La multitud, en corro, contemplaba el cadáver. Algunos reconocieron a la abuelita que tanto iba y venía y que sonreía a todo el mundo. Un periodista, joven y risueño, vivaracho, se quedó triste de repente, recordando, y lo dijo al concurso, que aquella pobre anciana le había librado a él de una *cogida* por el estilo en la calle Mayor, junto a los Consejos. No repugnaba ni horrorizaba el cadáver. Doña Berta parecía dormida, porque cuando dormía parecía muerta. De color de marfil amarillento el rostro; el pelo, de ceniza, en ondas; lo demás, botinas inclusive, todo tabaco. No había más que una mancha roja, un reguerillo de sangre que salía por la comisura de los labios blanquecinos y estrechos. En el público había más simpatía que lástima. De una manera o de otra, aquella mujercilla endeble no podía durar mucho; tenía que descomponerse pronto. En pocos minutos se borró la huella de aquel dolor; se restableció el tránsito, desapareció el cadáver, desapareció el tranvía, y el *siniestro* pasó de la calle al Juzgado y a los periódicos. Así acabó la última Rondaliego, doña Berta la de Posadorio.

En la calle de Tetuán, en un rincón de una trastera, en un desván, quedaba un gato, que no tenía otro nombre, que había sido feliz en Susacasa, cazador de ratones campesinos, gran botánico, amigo de las mariposas y de las siestas dormidas a la sombra de los árboles seculares. Olvidado por el mundo entero, muerta su ama, el *gato* vivió muchos días tirándose a las paredes, y al cabo pareció como un Ugolino, pero sin un mal hueso que roer siquiera; sintiendo los ratones en las soledades de los desvanes próximos, pero sin poder aliviar el hambre con una sola presa. Primero, furioso, rabiando, bufaba, saltaba, arañaba y mordía puertas y paredes y el hierro de la reja. Después, con la resignación última de la debilidad suprema, se dejó caer en un rincón; y murió tal vez soñando con las mariposas que no podía cazar, pero que alegraban sus días, allá en el Aren, florido por abril, de fresca hierba y deleitable sombra en sus lindes, a la margen del arroyo que llamaban el *río* los señores de Susacasa.

Benedictino

Don Abel tenía cincuenta años, don Joaquín otros cincuenta, pero muy otros: no se parecían nada a los de don Abel, y eso que eran aquellos dos buenos mozos del año sesenta, inseparables amigos desde la juventud, alegre o insípida, según se trate de don Joaquín o de don Abel. Caín y Abel los llamaba el pueblo, que los veía siempre juntos, por las carreteras adelante, los dos algo encorvados, los dos de *chistera* y levita, Caín siempre delante, Abel siempre detrás, nunca emparejados; y era que Abel iba como arrastrado, porque a él le gustaba pasear hacia Oriente, y Caín, por moler, le llevaba por Occidente, cuesta arriba, por el gusto de oírle toser, según Abel, que tenía su malicia. Ello era que el que iba delante solía ir sonriendo con picardía, satisfecho de la victoria que siempre era suya, y el que caminaba detrás iba haciendo gestos de débil protesta y de relativo disgusto. Ni un día solo, en muchos años, dejaron de reñir al emprender su viaje vespertino; pero ni un solo día tampoco se les ocurrió separarse y tomar cada cual por su lado, como hicieron san Pablo y san Bernabé, y eso que eran tan amigos y apóstoles. No se separaban porque Abel cedía siempre. Caín tampoco hubiera consentido en la separación, en pasear sin el amigo; pero no cedía porque estaba seguro de que cedería el compinche; y por eso iba sonriendo: no porque le gustase oír la tos del otro. No, ni mucho menos; justamente solía él decirse: «¡No me gusta nada la tos de Abel!». Le quería entrañablemente, sólo que hay entrañas de muchas maneras, y Caín quería a las personas para sí y, si cabía, para reírse de las debilidades ajenas, sobre todo si eran ridículas o a él se lo parecían. La poca voluntad y el poco egoísmo de su amigo le hacían muchísima gracia, le parecían muy ridículos, y tenía en ellos un estuche de cien instrumentos de comodidad para su propia persona. Cuando algún chusco veía pasar a los dos vejetes, oficiales primero y segundo del Gobierno civil desde tiempo inmemorial (don Joaquín el primero, por supuesto; siempre delante), y los veían perderse a lo lejos, entre los negrillos que orlaban la carretera de Galicia, solía exclamar riendo:

—Hoy le mata, hoy es el día del fratricidio. Le lleva a paseo y le da con la quijada del burro. ¿No se la ven ustedes? Es aquel bulto que esconde debajo de la levita.

El bulto, en efecto, existía. Solía ser realmente un hueso de un animal, pero rodeado de mucha carne, y no de burro, y siempre bien condimentada. Cosa rica. Merendaban casi todas las tardes como los pastores de Don Quijote, a campo raso, y chupándose los dedos, en cualquier soledad de las afueras. Caín llevaba generalmente los bocados y Abel los tragos, porque Abel tenía un cuñado que comerciaba en vinos y licores, y eso le regalaba, y Caín contaba con el arte de su cocinera de solterón sibarita. Los dos disponían de algo más que el sueldo, aunque lo de Abel era muy poco más; y eso que lo necesitaba mucho, porque tenía mujer y tres hijas pollas, a quienes en la actualidad, ahora que ya no eran tan frescas y guapetonas como años atrás, llamaban los murmuradores *las Conten-ciosas-administrativas*, por lo mucho que hablaba su padre de lo contencioso-administrativo, que le tenía enamorado hasta el punto de considerar grandes hombres a los diputados provinciales que eran magistrados de lo contencioso..., etc. El mote, según malas lenguas, se lo había puesto a las chicas el mismísimo Caín, que las quería mucho, sin embargo, y les había dado no pocos pellizcos. Con quien él no transigía era con la madre. Era su natural enemigo, su rival pudiera decirse. Le había quitado la mitad de su Abel; se le había llevado de la posada donde antes le hacía mucho más servicio que la cómoda y la mesilla de noche juntas. Ahora tenía él mismo, Caín, que guardar su ropa, y llevar la cuenta de la lavandera, y si quería pitillos y cerillas tenía que comprarlos muchas veces, pues Abel no estaba a mano en las horas de la mayor urgencia.

—¡Ay, Abel! Ahora que la vejez se aproxima, envidias mi suerte, mi sistema, mi filosofía —exclamaba don Joaquín, sentado en la verde pradera, con un *llacón* entre las piernas. (Un *llacón* creo que es un pernil.)

—No envidio tal —contestaba Abel, que enfrente de su amigo, en igual postura, hacía saltar el lacre de una botella y le limpiaba el polvo con un puñado de heno.

—Sí, envidias tal; en estos momentos de expansión y de dulces *piscolabis* lo confiesas; y, ¿a quién mejor que a mí, tu amigo verdadero desde la infancia hasta el infausto día de tu boda, que nos separó para siempre por un abismo que se llama doña Tomasa Gómez, viuda de Trujillo? Porque tú, ¡oh Trujillo! desde el momento que te casaste eres hombre muerto; quisiste tener digna esposa y sólo has hecho una viuda...

—Llevas cerca de treinta años con el mismo chiste... de mal género. Ya sabes que a Tomasa no le hace gracia...

—Pues por eso me repito.

—¡Cerca de treinta años! —exclamó don Abel, y suspiró, olvidándose de las tonterías epigramáticas de su amigo, sumiendo en el cuerpo un trago de vino del Priorato y el pensamiento en los recuerdos melancólicos de su vida de padre de familia con pocos recursos.

Y como si hablara consigo mismo continuó, mirando a la tierra:

—La mayor...

—Hola —murmuró Caín—; ¿ya cantamos en *la mayor*? *Jumera* segura... tristona como todas tus cosas.

—No te burles, libertino. La mayor nació... sí, justo; va para veintiocho, y la pobre, con aquellos nervios y aquellos ataques, y aquel afán de apretarse el talle, no sé, pero... en fin, aunque no está delicada... se ha descompuesto; ya no es lo que era, ya no... ya no me la llevan.

—Ánimo, hombre; sí te la llevarán... No faltan indianos... Y en último caso... ¿para qué están los amigos? Cargo yo con ella... y asesino a mi suegra. Nada, trato hecho; tú me das en dote esa botella, que no hay quien te arranque de las manos, y yo me caso con *la* (cantando) *mayor*.

—Eres un hombre sin corazón... un Lovelace.

—¡Ay, Lovelace! ¿Sabes tú quién era ese?

—La segunda, Rita, todavía se defiende.

—¡Ya lo creo! Dímelo a mí, que ayer por darla un pellizco salí con una oreja rota.

—Sí, ya sé. Por cierto que dice Tomasa que no le gustan esas bromas; que las chicas pierden...

—Dile a la de Gómez, viuda de Trujillo, que más pierdo yo, que pierdo las orejas, y dile también que si la pellizcase a ella puede que no se quejara...

—Hombre, eres un chiquillo; le ves a uno serio contándote sus cuitas y sus esperanzas... y tú con tus bromas de dudoso gusto...

—¿Tus esperanzas? Yo te las cantaré: *La* (cantando) Nieves...

—Bah, la Nieves segura está. Los tiene así (juntando por las yemas los dedos de ambas manos). No es mi milagro. ¿Hay chica más esbelta en todo el pueblo? ¿Y bailar? ¿No es la perla del casino cuando la emprende con el vals corrido, sobre todo si *la baila* el secretario del Gobierno militar, Pacorro?

Caín se había quedado serio y un poco pálido. Sus ojos fijos veían a la hija menor de su amigo, de blanco, escotada, con media negra, dando vueltas por el salón colgada de Pacorro... A Nieves no la pellizcaba él nunca; no se atrevía, la tenía un respeto raro, y además, temía que un pellizco en aquellas carnes fuera una traición a la amistad de Abel; porque Nieves le producía a él, a Caín un efecto raro, peligroso, diabólico... Y la chica era la única para volver locos a los viejos, aunque fueran íntimos de su padre. «Padrino, baila conmigo!». ¡Qué miel en la voz mimosa! ¡Y qué miradonas inocentes... pero que se metían en casa! El diablo que pellizcara la chica. Valiente tentación había sacado él de pila...

—Nieves —prosiguió Abel— se casará cuando quiera; siempre es la reina de los salones; a lo menos, por lo que toca a bailar.

—Como bailar... baila bien —dijo Caín muy grave.

—Sí, hombre; no tiene más que escoger. Ella es la esperanza de la casa. Ya ves, Dios premia a los hombres sosos, honrados, fieles al decálogo, dándoles hijas que pueden hacer bodas disparatadas, un fortunón... ¿Eh?, viejo verde, calaverón eterno. ¿Cuándo tendrás tú una hija como Nieves, amparo seguro de tu vejez?

Caín, sin contestar a aquel majadero, que tan feliz se las prometía en teniendo un poco de Priorato en el cuerpo, se puso a pensar que siempre se le estaba ocurriendo echar la cuenta de los años que él llevaba a *la menor* de las *contenciosas*. «¡Eran muchos años!».

Pasaron algunos; Abel estuvo cesante una temporada, y Joaquín de secretario en otra provincia. Volvieron a juntarse en su pueblo, Caín jubilado y Abel en el destino antiguo de Caín. Las meriendas menudeaban menos, pero no faltaban las de días solemnes. Los paseos como antaño, aunque ahora el primero que tomaba por Oriente era Joaquín, porque ya le fatigaba la cuesta. Las *Contenciosas brillaban* cada día como astros de menor magnitud; es decir, no brillaban; en rigor eran ya de octava o novena clase, invisibles a simple vista; ya nadie hablaba de ellas, ni para bien ni para mal; ni siquiera se las llamaba las *Contenciosas*; «las de Trujillo», decían los pocos pollos nuevos que se dignaban acordarse de ellas.

La mayor, que había engordado mucho y ya no tenía novios, por no apretarse el talle había renunciado a la lucha desigual con el tiempo y al martirio de un tocado que pedía restauraciones imposibles. Prefería el disgusto amargo y escondido de quedarse en casa, de no ir a bailes ni teatros, fingiendo gran filosofía, reconociéndose *gallina*, aunque otra le quedaba. Se permitía, como corta recompensa a su renuncia, el placer material, y para ella voluptuoso, de aflojarse mucho la ropa, de dejar a la carne invasora y blanquísima (eso sí) a sus anchas, como en desquite de lo mucho que inútilmente se había apretado cuando era delgada. «¡La carne! Como el mundo no había de verla, hermosura perdida; gran hermosura, sin duda, persistente... pero inútil. Y demasiada». Cuando el cura hablaba, desde el púlpito, de *la carne*, a *la mayor* se le figuraba que aludía exclusivamente a la suya... Salían sus hermanas, iban al baile a probar fortuna, y la primogénita se soltaba las cintas y se hundía en un sofá a leer periódicos, crímenes y viajes de hombres públicos. Ya no leía folletines.

La segunda luchaba con la edad de Cristo y se dejaba sacrificar por el vestido que la estallaba sobre el corpachón y sobre el vientre. ¿No había tenido fama de hermosa? ¿No le habían dicho todos los pollos atrevidos e instruidos de su tiempo que ella era la mujer que dice mucho a los sentidos?

Pues no había renunciado a la palabra. Siempre en la brecha. Se había batido en retirada, pero siempre en su puesto.

Nieves... era una tragedia del tiempo. Había envejecido más que sus hermanas; envejecer no es la palabra: se había marchitado sin cambiar, no había engordado, era esbelta como antes, ligera, felina, ondulante; bailaba, si había con quién, frenética, cada día más apasionada del vals, más correcta en sus pasos, más pavorosa, pero arrugada, seca, pálida; los años para ella habían sido como tempestades que dejaran huella en su rostro, en todo su cuerpo; se parecía a sí misma... en ruinas. Los jóvenes nuevos ya no la conocían, no sabían lo que había sido aquella mujer en el vals corrido; en el mismo salón de sus antiguos triunfos, parecía una extranjera insignificante. No se hablaba de ella ni para bien ni para mal; cuando algún solterón trasnochado se decidía a echar una cana al aire, solía escoger por pareja a Nieves. Se la veía pasar con respeto indiferente; se reconocía que bailaba bien, pero ¿y qué? Nieves padecía infinito, pero, como su hermana, *la segunda*, no faltaba a un baile. ¡Novio!... ¡Quién soñaba ya con eso! Todos aquellos hombres que habían estrechado su cintura, bebido su aliento, contemplado su *escote virginal...*, etc., ¿dónde estaban? Unos de jueces de término a cien leguas; otros en Ultramar haciendo dinero; otros en el ejército sabe Dios dónde; los pocos que quedaban en el pueblo, retraídos, metidos en casa o en la sala de tresillo. Nieves, en aquel salón de sus triunfos, paseaba sin corte entre una multitud que la codeaba sin verla...

Tan excelente le pareció a don Abel el pernil que Caín le enseñó en casa de este, y que habían de devorar juntos de tarde en la fuente de Mari-Cuchilla, que Trujillo, entusiasmado, tomó una resolución, y al despedirse hasta la hora de la cita, exclamó:

—Bueno, pues yo también te preparo algo bueno, una sorpresa. Llevo la manga de café, lleva tú puros; no te digo más.

Y aquella tarde, en la fuente de Mari-Cuchilla, cerca del oscurecer de una tarde gris y tibia de otoño, oyendo cantar un ruiseñor en un negrillo, cuyas hojas inmóviles parecían de un árbol-estatua, Caín y Abel merendaron el pernil mejor que dio de sí cerdo alguno nacido en Teverga. Después, en la manga que a Trujillo había regalado un pariente voluntario en la guerra de Cuba, hicieron café..., y al sacar Caín dos habanos peseteros..., apareció la sorpresa de Abel. Momento solemne. Caín no oía siquiera el canto del ruiseñor, que era su delicia, única afición poética que se le conocía.

Todo era ojos. Debajo de un periódico, que era la primera cubierta, apareció un frasco, como podía la momia de Sesostris, entre bandas de paja, alambre, tela lacrada, sabio artificio de la ciencia misteriosa de conservar los cuerpos santos incólumes; de guardar lo precioso de las injurias del ambiente.

—¡El *benedictino*! —exclamó Caín en un tono religioso impropio de su volterianismo. Y al incorporarse para admirar, quedó en cuclillas como un idólatra ante un fetiche.

—El benedictino —repitió Abel, procurando aparecer modesto y sencillo en aquel momento solemne en que bien sabía él que su amigo le veneraba y admiraba.

Aquel frasco, más otro que quedaba en casa, eran joyas riquísimas y raras, selección de lo selecto, fragmento de un tesoro único fabricado por los ilustres Padres para un regalo de rey, con tales miramientos, refinamientos y modos exquisitos, que bien se podía decir que aquel líquido singular, tan escaso en el mundo, era néctar digno de los dioses. Cómo había ido a parar aquel par de frascos casi divinos a manos de Trujillo, era asunto de una historia que parecía novela y que Caín conocía muy bien desde el día en que, después de oírla, exclamó: ¡Ver y creer! Catemos eso, y se verá si es paparrucha lo del mérito extraordinario de esos botellines. Y aquel día también había sido el primero de la única discordia duradera que separó por más de una semana a los dos constantes amigos. Porque Abel, jamás enérgico, siempre de cera, en aquella ocasión supo resistir y negó a Caín el placer de saborear el néctar de aquellos frascos.

—Estos, amigo —había dicho— los guardo yo para en su día. —Y no había querido jamás explicar qué día era aquel.

Caín, sin perdonar, que no sabía, llegó a olvidarse del benedictino.

Y habían pasado todos aquellos años, muchos, y el benedictino estaba allí, en la copa reluciente, de modo misterioso que Caín, triunfante, llevaba a los labios, relamiéndose *a priori*.

Pasó el solterón la lengua por los labios, volvió a oír el canto del ruiseñor, y contento de la creación, de la amistad, por un momento, exclamó:

—¡Excelente! ¡Eres un barbián! Excelentísimo señor benedictino, ¡bendita sea la Orden! Son unos sabios estos reverendos. ¡Excelente!

Abel bebió también. Mediaron el frasco.

Se alegraron; es decir, Abel, como andrómaca, se alegró entristeciéndose.

A Caín, la alegría le dio esta vez por adular como vil cortesano.

Abel, ciego de vanidad y agradecido, exclamó:

—Lo que falta... Lo beberemos mañana. El otro frasco... es tuyo; te lo llevas a tu casa esta noche.

Faltaba algo; faltaba una explicación. Caín le pedía con los ojillos burlones llenos de chispas.

A la luz de las primeras estrellas, al primer aliento de la brisa, cuando cogidos del brazo y no muy seguros de piernas, emprendieron la vuelta de casa. Abel, triste, humilde, resignado, reveló su secreto, diciendo:

—Estos frascos... este benedictino... regalo de rey...

—De rey...

—Este benedictino... lo guardaba yo...

—Para *su día*...

—Justo; su día... era el día de la boda de *la mayor*. Porque lo natural era empezar por la primera. Era lo justo. Después... cuando ya no me hacía ilusiones, porque las chicas pierden con el tiempo y los noviazgos..., guardaba los frascos..., para la boda de *la segunda*.

Suspiró Abel.

Se puso muy serio Caín.

—Mi última esperanza era Nieves..., y a esa por lo visto no la tira el matrimonio. Sin embargo, he aguardado, aguardado..., pero ya es ridículo..., ya... —Abel sacudió la cabeza y no pudo decir lo que quería, que era: *lasciate ogni speranza*. En fin, ¿cómo ha de ser?—. Ya sabes; ahora mismo te llevas el otro frasco.

Y no hablaron más en todo el camino. La brisa les despejaba la cabeza y los viejos meditaban. Abel tembló. Fue un escalofrío de la miseria futura de sus hijas, cuando él muriera, cuando quedaran solas en el mundo, sin saber más que bailar y apergaminarse. ¡Lo que le había costado a él de sudores y trabajo el vestir a aquellas muchachas y alimentarlas bien para presentarlas en el *mercado* del matrimonio! Y todo en balde. Ahora..., él mismo veía el triste papel que sus hijas hacían ya en los bailes, en los paseos... Las veía en aquel momento ridículas, feas por anticuadas y risibles..., y las amaba más, y las tenía una lástima infinita desde la tumba en que él ya se contemplaba.

Caín pensaba en las pobres *Contenciosas* también; y se decía que Nieves, a pesar de todo, seguía gustándole, seguía haciéndole efecto...

Y pensaba además en llevarse el otro frasco; y se lo llevó efectivamente.

Murió don Abel Trujillo; al año siguiente falleció la viuda de Trujillo. Las huérfanas se fueron a vivir con una tía, tan pobre como ellas, a un barrio de los más humildes. Por algún tiempo desaparecieron del *gran mundo*, tan chiquitín, de su pueblo. Lo notaron Caín y otros pocos. Para la mayoría, como si las hubieran enterrado con su padre y su madre. Don Joaquín al principio las visitaba a menudo. Poco a poco fue dejándolo, sin saber por qué. Nieves se había dado *a la mística*, y las demás no tenían gracia. Caín, que había lamentado mucho todas aquellas catástrofes, y que había socorrido con la cortedad propia de su peculio y de su egoísmo a las apuradas huérfanas, había ido olvidándolas, no sin dejarlas antes en poder del sanísimo consejo de que «se dejaran de bambollas... y cosieran para fuera». Caín se olvidó de las chicas como de todo lo que le molestaba. Se había dedicado a no envejecer, a conservar la virilidad y demostrar que la conservaba. Parecía cada día menos viejo, y eso que había en él un renacimiento de aventurero galante. Estaba encantado. ¿Quién piensa en la desgracia ajena si quiere ser feliz y conservarse?

Las de Trujillo, de negro, muy pálidas, apiñadas alrededor de la tía caduca, volvían a presentarse en calles céntricas, en los paseos no muy concurridos. Devoraban a los transeúntes con los ojos. Daban codazos a la multitud hombruna. Nieves aprovechaba la moda de las faldas ceñidas para lucir las líneas esculturales de su hermosa pierna. Enseñaba el pie, las enaguas blanquísimas que resaltaban bajo la falda negra. Sus ojos grandes, lascivos, bajo el manto recobraban fuerza, expresión. Podía aparecer apetitosa a uno de esos gustos extraviados que se enamoran de las ruinas de la mujer apasionada, de los estragos del deseo contenido o mal satisfecho.

Murió la tía también. Nueva desaparición. A los pocos meses las de Trujillo vuelven a las calles céntricas, de medio luto, acompañadas, a distancia, de una criada más joven que ellas. Se las empieza a ver en todas partes. No faltan jamás en las apreturas de las novenas famosas y muy concurridas. Primero salen todas juntas, como antes. Después empiezan a desperdigarse. A Nieves se la ve muchas veces sola con la criada. Se la ve al oscurecer atravesar a menudo el paseo de los hombres y de las artesanas.

Caín tropieza con ella varias tardes en una y otra calle solitaria. La saluda de lejos. Un día le para ella. Se lo come con los ojos. Caín se turba. Nota que Nieves *se ha parado* también, ya no envejece y se le ha desvanecido el gesto avinagrado de solterona rebelde. Está alegre, coquetea como en los mejores tiempos. No se acuerda de sus desgracias. Parece contenta de su suerte. No habla más que de las novedades del día, de los escándalos amorosos. Caín le suelta un piropo como un pimiento, y ella le recibe como si fuera gloria. Una tarde, a la oración, la ve de lejos, hablando en el postigo de una iglesia de monjas con un capellán muy elegante, de quien Caín sospechaba horrores. Desde entonces sigue la pista a la solterona, esbelta e insinuante. «Aquel jamón debe de gustarles a más de cuatro que no están para escoger mucho». Caín cada vez que encuentra a Nieves la detiene ya sin escrúpulo. Ella luce todo su antiguo arsenal de coqueterías escultóricas. Le mira con ojos de fuego y le asegura muy seria que está como nuevo; más sano y fresco que cuando ella era chica y él le daba pellizcos.

—¿A ti yo? ¡Nunca! A tus hermanas, sí. No sé si tienes dura o blanda la carne. —Nieves le pega con el pañuelo en los ojos y echa a correr como una *locuela*..., enseñando los ojos blanquísimos, y el pie primoroso.

Al día siguiente, también a la oración, se la encuentra en el portal de su casa, de la casa del propio Caín.

—Le espero a usted hace una hora. Súbame usted a su cuarto. Le necesito. —Suben y le pide dinero; poco, pero ha de ser en el acto. Es cuestión de honra. Es para arrojárselo a la cara a un miserable... que no sabe ella lo que se ha figurado. Se echa a llorar. Caín la consuela. Le da el dinero que pide y Nieves se le arroja en los brazos, sollozando y con un ataque de nervios no del todo fingido.

Una hora después, para explicarse lo sucedido, para matar los remordimientos que le punzan, Caín reflexiona que él mismo debió de trastornarse como ella, que, creyéndose más frío, menos joven de lo que en rigor era todavía por dentro, no vio el peligro de aquel contacto. «No hubo malicia por parte de ella ni por la mía. De la mía respondo. Fue cosa de la naturaleza. Tal vez sería antigua inclinación mutua, disparatada...; pero poderosa... latente».

Y al acostarse, sonriendo entre satisfecho y disgustado, se decía el solterón empedernido:

—De todas maneras la chica... estaba ya perdida. ¡Oh, es claro! En este particular no puedo hacerme ilusiones. Lo peor fue lo otro. Aquello de hacerse la loca después del lance, y querer aturdirse, y pedirme algo *que la arrancara el pensamiento*..., y... ¡diablo de casualidad! ¡Ocurrírsele cogerme de la *biblioteca*..., y dar precisamente con el recuerdo de su padre, con el frasco de benedictino!...

¡Oh! sí; estas cosas del pecado, pasan a veces como en las comedias, para que tengan más pimienta, más picardía... Bebió ella. ¡Cómo se puso! Bebí yo... ¿qué remedio? Obligado.

«¡Quién le hubiera dicho a la pobre Nieves que aquel frasco de benedictino le había guardado su padre años y años para el día que casara a su hija!... ¡No fue mala boda!». Y el último pensamiento de Caín al dormirse ya no fue para la *menor* de las *Contenciosas* ni para el benedictino de Abel, ni para el propio remordimiento. Fue para los socios viejos del Casino que le llamaban *platónico*; «¡él, *platónico*!».

Manín de Pepa José

Manín de Pepa José, si hubiera nacido señorito y hubiera estudiado y escrito en los periódicos, hubiera sido un *esteta*. Pero en Llantones, parroquia rural cerca de Gijón, Manín no era más que un *folganzán*, que no valía la *borona* que comía... cuando la comía.

Su madre, Pepa José, es decir, una Josefa, mujer de un José, quedó viuda ya en edad madura, y aunque la *casería* que llevaba en arrendamiento, en la escritura del contrato parecía cosa de Manín, heredero de José, quien mandaba en todo era la madre; sólo con ella se contaba. Enjuta, alta, de mucho hueso, mirada fiera, actividad febril, gestos hombrunos, era un águila para el trabajo, para el cuidado de la hacienda, y sus criados y jornaleros andaban en un pie. Sólo Manín, el hijo único, gozaba el privilegio de la benevolencia de aquella mujer que no daba un bocado de pan sin que se lo pagara algún servicio. Pero Manín era otra cosa; por él y para él trabajaba ella tanto. No era fuerte, no mostraba aptitud para las faenas del campo, y la madre había soñado con hacerle sacerdote. Pero él, muy contento con trabajar poco y cuando quería, no entraba por lo de cantar misa. El trabajo le repugnaba... pero el ascetismo también. Le gustaba la alegría, el ruido, el baile. Era gaitero de afición, y de habilidad notoria. Con la gaita suavizaba el carácter de su madre, aquella fiera; la embelesaba con aquellos gorgoritos estridentes del puntero y con las notas asmáticas que salían de las profundas entrañas del fuelle.

Cuando Pepa aturdía a gritos a los vecinos en media legua a la redonda, riñendo a un criado o atosigando a un deudor, y las imprecaciones de aquella Euménide de pan llevar retumbaban en el castañar que rodeaba la *casería*, Manín, tocando el *Altísimo Señor* o la *Praviana* en la gaita desafinada y melancólica, aplacaba poco a poco a la furia, la atraía y acababa por enternecerla.

Manín era de oficio, de verdadero oficio, soñador. Un soñador alegre, que buscaba la soledad para saborear los recuerdos de las fiestas, de las romerías, de los bailes alegres, llenos de *ijujús* tempestuosos, horrísonos, expresión de *histerismo* de centauros. Manín no sabía que el *ijujú* era celta; él lo consideraba como una manera de *relinchar* de los mozos de la aldea. Y él relinchaba también, sobre todo allá para sus adentros.

¡Si el mundo fuera siempre cortejar, bailar la danza prima, disparar el cachorrillo para solemnizar la procesión, tocar la gaita *al azar* en la misa cantada el día de la fiesta! ¡Y después, a la luz de la luna, por el *castañeo* arriba, acompañar a una rapaza, y *echar la presona* a la puerta de su casa hasta cerca del alba! ¡Y luego, a solas, en la *llinda*, o a la hora de la siesta, sentir la brisa llena de olores queridos, familiares, reclinado el cuerpo sobre la rapada yerba, y soñar despierto, rumiando recuerdos dulces; como las vacas, sentadas a la sombra, rumiaban su alimento!

Pero la vida no era eso. En faltándole su madre, ¿qué iba a ser de Manín? Y Pepa envejecía, y tenía achaques, que le procuró el trabajo excesivo. Se sentía herida de muerte y temblaba por el porvenir de aquel hijo, incapaz de dirigir la hacienda. Ya se había susurrado por la aldea que el *amo*, si moría Pepa, y Manín quedaba solo, no le dejaría seguir con el arrendamiento, porque en poder de tal *casero* los bienes perderían mucho.

Pepa vio la única salvación de su hijo en casarlo con una mujer que fuera como ella, que se pusiera los pantalones, y trabajara y dirigiera la casería. Rosa Francisca de Xunco fue la moza que ella deseaba. Era como ella, hormiga con alas para la codicia. Era hija de un vecino que siempre había envidiado la casería de Pepa José.

Rosa se casó con Manín sin mirarle siquiera, pensando nada más que en mandar allí, donde tanto mandaba Pepa. Eran iguales ambas hembras; pero por lo mismo eran incompatibles. Eran dos abejas reinas; una tenía que sucumbir. Como una especie de pacto tácito, venía a ser condición de la boda que Rosa no tuviera mucho tiempo que obedecer a nadie; sobraba Pepa, si lo tratado era tratado, Pepa bien lo conocía. Admiraba a Rosa, veía en ella el futuro amparo, y tirano también, de su Manín; y aborrecía a Rosa necesitándola, y le envidiaba aquella sucesión que tenía que dejarle ella. Pero Pepa murió pronto. Rosa Francisca ocupó su puesto y todo siguió como antes: los criados andaban en un pie, la *casería* prosperaba, y Manín tocaba la gaita, soñaba despierto en la *llinda*, y echaba de menos, un poco, el cariño áspero, pero cierto, de su madre. Rosa no le mimaba, ciertamente; le despreciaba; le tenía en constante olvido; pero le dejaba comer sin trabajar apenas.

Manín sintió también, además de la ausencia de su madre, la ausencia de las aventuras amorosas: ya se había acabado lo de *echar la presona*, el *cortejar* los sábados de noche, hasta la aurora del domingo. ¿Con qué reemplazar aquella dulzura? ¿Con el juego de bolos? Probó... pero aquello no le hizo gracia. Montaigne no encontraba ni en la gula ni en placer alguno un sustituto digno del amor: comprendía a los viejos que se consolaban con los buenos tragos, pero él no podía reemplazar con la embriaguez el amor. Manín, si no cosa tan delicada como el *rebrincar* y ergotizar con una buena moza, acabó por encontrar cierto encanto en las copas de anís escarchado, de malvasía y de rosa. Los licores dulzones fueron el sucedáneo de los galanteos para aquel epicurista de montera. Iba a los mercados de Gijón y allí se despachaba a su gusto bebiendo en un café, entre el *señorío*, aniseta, rosa, málaga y cosas así. Mucha dulzura, y ver candelillas, y figurarse el mundo menos malo de lo que positivamente era... Y a casa a dormir, oyendo frases de desprecio de aquella Rosa, que era su tirano, pero también el amparo que le había dejado su madre.

Tuvieron una hija. Buenos insultos le costó a Manín. Rosa hubiera querido un hijo.

No lo hubo. El trabajo mata, por lo visto. Mientras Manín se conservaba fresco, lozano, pese a los años, Rosa empezó a decaer; una vejez prematura, precipitada, acabó con ella... y tuvo que pensar en lo mismo en que había pensado Pepa José algún día. Si moría ella, ¿a quién iría a parar la casería? El nuevo amo, hijo del otro, tampoco la dejaría en poder de aquel trasto inútil de Manín... Y Rosa, con el mismo fin con que Pepa había buscado una mujer para Manín, buscó un marido para Ramona, la hija de Manín y de Rosa.

Ramona se parecía a su padre: era alegre, soñadora como él, poco activa, débil de carácter; no servía ella, como su madre y su abuela, para cuidar la hacienda. Pero Roque de Xuaca, el marido que escogió Rosa, sin consultar a Ramona, la mujer de Roque, era el aldeano más codicioso y tenaz para el trabajo de todo el concejo. En su juventud, mientras fue soltero, nunca fue a las romerías por las mozas, sino por los bolos. Ganar algunos céntimos en la bolera, a fuerza de sudores, era todo su recreo. el resto de la semana, en vez de los bolos del domingo, tenía la *fesoría*, la pala, la guadaña... los céntimos se los sacaba a la tierra. Se casó sin amor, sin nada más que codicia; dispuesto a ser el amo cuanto antes. Rosa murió pronto, y Roque empezó a tratar a su suegro peor que al perro, que le servía más guardándole la casa.

Manín temblaba ante el marido de su hija; no pensó en disputarle el dominio; desde luego aceptó su papel de carga inútil. Trabajar de veras no podía, no sabía; cada vez menos. A pesar de las buenas apariencias, Manín por dentro se sentía viejo, muy débil, cada día con más necesidad de amparo, de que le cuidaran, de que le dejasen sus aficiones de pobre diablo amigo de los tragos dulces, de la excitación alegre del licor... Pero Roque no consentía ni siquiera lo que Rosa había tolerado por desprecio. Roque de Xuaca era brutal, soez, cruel. A Ramona la tenía en un puño, y la pobre hija de Manín, siempre enferma, no se atrevía a defender a su padre. Ni Manín se quejaba delante de Ramona, por miedo de que el marido la maltratase si ella abogaba por su padre.

Roque ensayó lo imposible: obligar a Manín a trabajar de veras, con provecho y constancia. Manín sólo tuvo fuerzas de voluntad... para oponerse a tales ensayos, nuevos en su vida y de fracaso seguro. Lo que es trabajar como los demás no trabajaría por mucho que mandara Roque. Podía matarle de hambre, de un palo; pero hacerle pasar el día encorvado rompiendo terrones, era imposible. Pero el de Xuaca no se dio por vencido. Renunció a tener en Manín un esclavo que le ahorrase un criado, pero no renunció a sacar del pobre viejo todo el partido posible. Como a un chicuelo, se le obligaba a llevar el ganado al pasto, era el *rapacín de la llinda* y se le empleaba en otras labores fáciles, sencillas, pero molestas para un anciano. Y, por supuesto, se le acortó la ración. Se acabaron los buenos tragos, los viajes en pollino a la villa, los bocados de pan tierno, la ropa limpia y fresca; hasta se le echó del cuarto desahogado y caliente que ocupaba en la casa nueva y se le obligó a vivir en la choza antigua de la casería, a un tiro de fusil de la vivienda de su hija. Para Roque, su suegro era menos que el último jornalero.

Manín se sintió aislado, sitiado por hambre; quería matarle a fuerza de hastío, de soledad, de privaciones... ¡Málaga, rosa, marrasquino! ¡Recuerdos del bien perdido! Ni una *copiquina* en un año. *Borona, fabes*, agua... un poco de leche, poco... y lo demás tristeza, frío, soledad, aburrimiento... Lo que no podía Roque era vencer la afición de Manín a las delicias de que le privaba. Soñaba con ellas, no pensaba en otra cosa. La privación de aquellos placeres materiales, de los buenos tragos, de los buenos bocados, le hacía dar un interés exclusivo a tales cosas; toda su voluptuosidad, que antes se esparcía en tantas delicias, el amor, la música, la vaga poesía del ensueño, la danza, la conversación alegre... ahora se reducía a complacencias del paladar, que no podía conseguir, y que cada día deseaba con más fuerza.

Cuando le echaban en cara su apego a tales apetitos groseros, Manín se enternecía, con lástima infinita de sí mismo, y, como un anacreonte elegíaco, procuraba demostrar que a un pobre viejo que ya no podía gozar de otros placeres, los buenos tragos, los buenos bocados se le debían como se le debe el respeto.

Pero Roque le trataba peor cada día: llegó a reducirle a la condición, casi casi, de un mendigo.

Murió Ramona en un mal parto. Roque, seguro de tiempo atrás de que con la casería se quedaba él, se vistió de negro, con ropa de invierno en agosto, antes de que el cadáver saliera de casa. Puso el rostro duro, compungido, con mueca avinagrada, y recibió a los señores curas y a los parientes y vecinos que vinieron al entierro y a los funerales, con seria amabilidad, sin extremar las manifestaciones del dolor, sin olvidar sus deberes de amo de casa para con los huéspedes, pero sin descuidarse un momento en su papel de viudo que debía estar por dentro muy afligido. Con suspiros contestaba a los consuelos de rúbrica, y en silencio pagaba con obsequios las máximas filosóficas y religiosas con que los huéspedes procuraban mitigar la pena que él estaba en el caso de sentir.

De Manín nadie se acordaba; pero él vino desde su destierro de la cabaña vieja sin que le llamaran, y a nadie se le ocurrió echarlo de allí, como tampoco se echaba al perro, que entraba y salía en la alcoba mortuoria.

Manín estaba, más que afligido, aturdido, desorientado. ¿Qué iba a ser de él? Algunos, los pocos que no sabían el desprecio con que se miraba al pobre viejo en la casa, le daban el pésame y procuraban consolarle también. Estos consuelos le hicieron pensar a Manín algo en lo que le pasaba: perdía a una hija, a Ramona, su hija única... Su carácter de padre exigía sentir una pena moral, honda... más honda... Manín sentía una pereza invencible de padecer. Comprendió que si se empeñaba en enternecerse, en afligirse, imaginándose *cosas finas* como antaño cuando comía y bebía bien y tenía la sangre caliente, conseguiría algo, conseguiría atormentarse, recordar la niñez de Ramona, remotas caricias... pero todo eso podía excusarse. Manín suspiraba, murmuraba frases de resignación mezcladas con otras de dolor... pero se resistía, en sus adentros, a dejar que la imaginación se le fuese por los campos negros de la pena. Además, si pensaba en Ramona, tenía que pensar en sí mismo, en cómo quedaba él... y aquello sí que era serio, terrible, cosa positiva, perentoria, mal de un vivo, no de muertos, que ya no son... No, no; nada de pensar en el dolor que le aguardaba...

Por el olfato empezó Manín a separarse de todas aquellas tristezas imaginarias a que le invitaban los curas y los vecinos que le hablaban de la muerta.

De la cocina, muy próxima, venían olores que eran delicias positivas en forma de esperanza que casi se podía paladear. Entró en la cocina. Se preparaba la gran comilona del funeral, el banquete en la aldea inexcusable. El *xenru*, el yerno, Roque, estaba en todo; la dignidad de la casería exigía aquel sacrificio: buena comida y muchos curas a cobrar la pitanza. Mostrándose rumboso y no dejando un momento el gesto avinagrado, que él creía de tristeza, probaba Roque lo que debía a su papel de viudo mejor que con frases que no se le ocurrían. En día tan lleno de cuidados no pensó en la difunta directamente ni cuatro veces. Además, allí no había pasado nada en rigor: él ya era el amo; continuaría siéndolo.

Manín, mientras el clero y los demás del duelo cumplieron con todas las diligencias debidas al *cuerpo* (así llamaban todos al cadáver de Ramona), se quedó en casa alrededor de los pucheros, y cuando volvió de la lejana iglesia el fúnebre cortejo, ya sabía el pobre hambriento a qué atenerse; en la mesa principal, la de los clérigos, había puesto para él, y había dos sopas, dos pucheros, tres principios, arroz con leche, café, queso y vino y licores. Cuatro botellas de cuello largo había visto él sobre la masera. Aquellos eran los licores. No sabía leer y no pudo enterarse por los rótulos del contenido, pero no dudaba de que algo de aquello sería dulce.

Manín se impacientaba. Tardaban en volver los clérigos y legos que habían ido a enterrar a su hija, a su Ramona, y a cantarle un gorigori de los repicoteados. ¿Si se quemaba el arroz con leche? ¿Y la sopa? ¿No se perdería la sopa? Si se hubiera atrevido él a meter baza en la cocina, habría aconsejado a la respetable María Xuanón, la gran cocinera de la comarca, que no echase el arroz y los fideos tan pronto, porque las misas de difuntos cantadas con todo lujo son muy largas.

Manín se plantó, como gallo vigilante, en lo más alto de la *saltadera*, entre la *quintana* y la *llosa*, para adelantar los sucesos, para dominar más camino y ver cuándo aparecían los primeros señores que habían de volver de la iglesia y del cementerio. Por la frente, para que no le deslumbrase el sol, Marín divisó el primer grupo, negro, compacto; después otro de más gente, y otro y otro... Volvían como bandada de cuervos que se disuelve. ¡Qué poca prisa se daban! ¡Cuánta hipocresía! —pensaba Manín a su manera—. ¡Vienen con pies de plomo para disimular la gana que tienen de coger las tajadas! Todos parecen abrumados por la pena, y están sintiendo exclusivamente el hambre.

Cuando llegaron a la *saltadera* los del primer grupo, Manín dejó el paso libre. Los más eran aldeanos que le conocían bien; dos o tres que eran de la *villa* le dieron el pésame otra vez, le estrecharon la mano. Manín gruñó agradecido, pero algo turbado, como temiendo que aquel honor no le correspondiera, en concepto de su yerno, el viudo, y esto pudiera costarle el asiento que tenía a la mesa.

Roque llegó con el último grupo, con el cura de la parroquia, el arcipreste y otros clérigos. No se dignó mirar al padre de su difunta. Entre la gente del duelo ya se notaba que empezaba a ser tema viejo y gastado el del triste suceso que allí los reunía y les daba de comer aquel día. El elemento laico mostraba más hipocresía o más cuidado de las *formas*; aún se repetían los lugares comunes que debieran servir de consuelo y no sirven; se conservaban los rostros con expresión compungida. El clero disimulaba menos su indiferencia, y esta franqueza del egoísmo inconsciente tiene algo de relativamente simpática. Enterrar al prójimo era el oficio de aquellos buenos párrocos y capellanes sueltos; de eso vivían; de modo que no era cosa de llorarlo. Además, sin darse cuenta de ello, los curas mostraban, entre los aldeanos, cierto aire de superioridad, así como de casta, o por lo menos de clase. Hablaban y bromeaban en presencia de los destripaterrones casi con la misma libertad que empleaban en sus gaudeamus de las fiestas, cuando todos eran de Iglesia. Las bromas y libertades de los clérigos rurales podían no ser del mejor gusto, ni graciosas ni *correctas*; pero eran inocentes, casi infantiles. Faltaban a ciertas reglas de urbanidad clerical, si cabe hablar así, que hubiera exigido la presencia de un obispo, v. gr. Pero que ofendiesen a Dios aquellas maneras algo descompuestas, no es cosa segura.

Roque, de vuelta del entierro, ya era otro. Pensaba exclusivamente en sus huéspedes, no en la difunta. El gesto de vinagre se atenuó; quedaba el traje negro de invierno encargado de recordar el papel *social* que representaba el viudo. Servir bien a los señores sacerdotes, y a los de la villa, y como se pudiera a los demás, este era ya el único afán del que iba a quedarse con la casería de que ya era dueño, *de hecho*, hacía tantos años.

—¡Señores, a la mesa! —dijo Roque con tono solemne y algo fúnebre, en pie, en medio de la puerta del corral, donde estaban muchos curas examinando las vacas y los recentales.

—¡Santa palabra! —se atrevió a decir un capellán, picado de viruelas, vivaracho, que hacía alarde de ser travieso, franco y todo lo mundano que las sinodales permitían.

Subieron todos al comedor, improvisado en la sala del piso alto, estrecha, oscura y mal pintada de amarillo y verde; lujo introducido por Roque, que era ambicioso y aspiraba al sibaritismo, allá, para cuando ahorrara bastante.

Una cabecera la ocupó el arcipreste y otra el párroco de Llantones, que fue diciendo:

—Aquí Jove, aquí Puao, aquí Contreces, aquí Granda...

Y así fue señalando silla a cada uno de los curas designándoles con el nombre de la respectiva parroquia, si la tenían.

A la derecha del arcipreste sentaron a Manín; a la del párroco de Llantones se sentó Roque.

Manín hubiera sentido orgullo delicuescente si hubiera sido capaz de apreciar que aquello del sitio era un honor. Pero él no picaba tan alto en materia de pompas y vanidades; como la inspección de los pucheros y ollas le habían dado la seguridad de que sobraba comida, hasta para los pobres, no daba importancia al sitio, sino al hecho de estar sentado a la mesa. El dónde, importaba poco.

—¡Don Manuel, ánimo! ¡Hay que comer, qué diantre! —dijo don Primitivo, el curita de las viruelas, que estaba cerca del aturdido Manín.

—Sí, señor; ya lo creo. Comeremos... ¡qué remedio!...

Iba a suspirar, pero lo dejó, porque lo reputó una excusada y repugnante hipocresía. Su Ramona, que le vería desde el cielo, o desde el purgatorio, de fijo aprobaría su conducta; además, con ella, con su hija, no tenía para qué andarse con cumplidos: harto sabía ella que su padre no había comido cosa fina, comida de curas nada menos, muchos años hacía. ¿Cómo no habían de alegrársele los sentidos? ¡Olía tan bien la sopa humeante! Estaba la mesa tan blanca, el pan parecía tan tierno, tan caliente y generoso el vino... ¡Quién dijo pena!..., es decir, pena sí, claro; pero luego, luego... a otra hora, otro día... muchos días... ¡sí, carape, muchos días!... más cada día, acaso... ¡Reconcra! ¡Pues no iba a ponerse a pensar en aquello tan negro, tan triste!...

—¿Arroz o fideos... Manín? —preguntó el arcipreste.

—*Mezámelo, mezámelo* —contestó el padre de Ramona con humildad y candor de paloma.

Quería decir que le dieran fideos y arroz.

Comía, devoraba Manín; a dos carrillos; engullía de prisa, como perro o gato que asalta una despensa, mirando receloso a su yerno entre bocado y bocado. Roque estaba muy ocupado con sus atenciones de amo de casa que quiere agasajar a los huéspedes. Por eso —pensaba Manín— le dejaba a él comer todo lo que quería.

Sonreía el padre de la difunta a derecha e izquierda, mirando a todos con expresión de agradecimiento y ternura, como diciendo: ¡Gracias, señores; gracias por admitir al mísero padre de Ramona, que en paz descanse, a esta mesa tan bien servida donde va a sacar la tripa de mal año, de muchos malos años!

La primera copa de buen vino de Toro la recibió el cuerpo de Manín como si con ella le hubiesen ungido rey y emperador de la felicidad terrenal. ¡Qué cosas de cariño, de intimidad caliente, familiar, llena de recuerdos dulcísimos, le decía el jugo de la uva al caerle por la garganta abajo!

Vino el primer cocido, el puchero fresco, lleno de golosinas, tales como buen chorizo, jamón, menudos de gallina, tocino rancio, y Manín dejó que le llenara don Primitivo el plato, hasta convertírselo en pirámide, de todas aquellas delicias del estómago.

La conversación empezaba a animarse. No había ya reserva alguna, hipocresía de ningún género, ni aun por parte del elemento laico, que antes fingía cierta pena. Así como cuando hay fiesta nadie se acuerda del santo, ahora nadie se acordaba de la difunta, a cuya salud... eterna estaba comiendo toda aquella concurrencia de cristianos tibios.

Se habló de la cosecha, del último concurso convocado por el señor obispo, de los masones; pero la alegría franca, aunque no descarada ni de manifestaciones bulliciosas, no se mostró hasta que comenzaron los chascarrillos. A Manín le parecía inagotable el vino, y como el vino los cuentos; creía que aquellos señores curas se sacaban del fondo de los vasos todas aquellas historias que acababan siempre por un chiste, que reían todos, y que él no entendía las más veces, pero celebraba también con una carcajada y un trago. Los cuentos eran, los más, relativos al clero; solía ser el héroe un famoso cura de La Parada, a quien Manín estaba admirando y envidiando, como

César a Alejandro. ¡Si él hubiera sido párroco! ¡Qué tragos, qué pitanzas, qué comilonas!

Vino la morcilla, con las *fabes* y el *llacón* y la sidra. ¡Madre de Dios, qué recuerdos de dicha olímpica despertaban en las entrañas de Manín aquellos olores! Sí, en las entrañas; porque eran recuerdos, sensaciones, deleite de paladar *alucinado* por evocaciones de remotas harturas; asociación de ideas, y aún más, de voluptuosidades; sentimentalismo de la gula... ¡qué sabía el pobre Manín! Pero ello era un encanto, estómago y corazón participaban de la delicia...

¡La juventud, la abundancia... el pasado... su madre, su mujer... su hija... sus ensueños!... Manín aflojó el cinto ruin con que sujetaba los pantalones, se limpió el sudor de la frente con la servilleta... y se bebió de un trago un vaso de vino tinto.

Carne asada, un pato, calabacines rellenos, todo eso fue pasando por la mesa y de todo comió el de Pepa José como por cuatro; y de camino bebía como seis...

Indudablemente, el mundo ya le parecía otro: quería pensar y echaba de menos lo que él no sabía que se llamaba lógica; quería sentir y sentía cosas extrañas, ilógicas también; por ejemplo: perdonaba a su yerno y le abrazaba *in mente* y al recordar a Ramona no le dolía mucho por dentro, sino que la veía como en el centro de la tierra muerta de risa y contenta de ver a su padre tan bien comido y en camino de coger una borrachera de las que se duermen dos días...

Manín, sin miedo a su yerno ni al arcipreste, rompió a hablar alto, y contó cuentos verdes, y filosofó a su modo acerca de la comunión de los santos y el perdón de los pecados. Dijo lo que quiso, nadie le fue a la mano. El infeliz creía que todos estaban tan exaltados como él; no podía notar que desentonaba, que la alegría de los demás era contenida, expresiva sin estrépito, sobre todo, sin imprudencias, sin paradojas, sentimentales... Nada de eso podía ver; se puso en pie, peroró, lloró, abrazó a diestro y siniestro... y cuando llegó la hora de los licores, abrazado a la botella de aniseta, pegajoso y dulzón, cantó a su modo, en prosa bable, una égloga elegíaca, invocando el derecho de gozar del presente, de aquella orgía, que lo era para él la comilona; y se esforzaba en compaginar, con palabras incoherentes, el dolor y la alegría, su desgracia cierta y su pasajera delicia, con no menos poesía, en el fondo, y no menos incomprensible para el vulgo, que Shelley cuando quiere en el *Epipsychidion* armonizar el amor a dos mujeres a un tiempo.

Roque dejaba a su suegro disparatar, desentonar, descomponerse, escandalizar... Le convenía... «Ya lo veían aquellos señores; testigos eran: quedaba explicado por qué él trataba al padre de su difunta como a un perro... Si le dejaba comer y beber bien, se ponía así, loco...».

El escándalo fue mayúsculo. «Tenía razón Roque: su suegro era *imposible*». La opinión, en las aldeas del contorno, fue unánime. En la comida del entierro, nadie, ni los más indiferentes al duelo de la casa, se habían extralimitado. Se había querido, como siempre, distraer a la familia, contando chascarrillos, animando la conversación, pero todo con cierto tino, sin salir del tono conveniente... y él, Manín, el padre de la difunta, se había emborrachado, y había cantado coplas sucias y había llorado... vino y sidra... ¡Horror!
Algunos meses después, ni Roque, ni el párroco de Llan-

tones, ni el arcipreste, ni ninguno de aquellos comensales tan morigerados, se acordaba ya, ni en sus cortas oraciones, de la pobre Ramona, que comía tierra. De lo que sí se hablaba algunas veces todavía era del escándalo que había dado Manín de Pepa José en la comida de los funerales de su hija...

Manín volvió a su choza miserable, a su vida de perro pastor; decrépito, comiendo como un anacoreta... borracho de lágrimas, de recuerdos, de necesidad... lleno de lástima de sí mismo, y viendo el mundo vacío, enemigo con él porque por él ya no cuidaba aquella hija que parecía ruda y era como el aire, como la luz, como el calor... La necesitaba, con ansias de enfermo caduco, y ella no venía, no podía volver...

Manín deseaba un remedio que no sabía buscar, en sus cortos alcances; el remedio que él quería era el suicidio, pero no daba con él. Los animales no suelen suicidarse, aunque padecen mucho a veces. Manín era como un rocín viejo, podrido, desamparado... que no sabía suicidarse. Acaso estaba chocho, con la idea-dolor fija de su Ramona... que no estaba allí, en Llantones... en la casería... para compadecerse del pobre viejo, y darle aire, luz, calor... vida... la vida aquella que ni se marchaba ni se quedaba; que él tenía y no tenía... Para su delirio de penas, Ramona ausente era el sol muerto, y él, Manín, desnudo, en la calle, tiritando de frío... ¡con miedo, con sed, con hambre!...

Zurita

I

—¿Cómo se llama usted? —preguntó el catedrático, que usaba anteojos de cristal ahumado y bigotes de medio punto, erizados, de un castaño claro.

Una voz que temblaba como la hoja en el árbol respondió en el fondo del aula, desde el banco más alto, cerca del techo:

—Zurita, para servir a usted.

—Ese es el apellido; yo pregunto por el nombre.

Hubo un momento de silencio. La cátedra, que se aburría con los ordinarios preliminares de su tarea, vio un elemento dramático, probablemente cómico, en aquel diálogo que provocaba el profesor con un desconocido que tenía voz de niño llorón.

Zurita tardaba en contestar.

—¿No sabe usted cómo se llama? —gritó el catedrático, buscando al estudiante tímido con aquel par de agujeros negros que tenía en el rostro.

—Aquiles Zurita.

Carcajada general, prolongada con el santo propósito de molestar al paciente y alterar el orden.

—¿Aquiles ha dicho usted?

—Sí... señor —respondió la voz de arriba, con señales de arrepentimiento en el tono.

—¿Es usted el hijo de Peleo? —preguntó muy serio el profesor.

—No, señor —contestó el estudiante cuando se lo permitió la algazara que produjo la gracia del maestro. Y sonriendo, como burlándose de sí mismo, de su nombre y hasta de su señor padre, añadió con rostro de jovialidad lastimosa—: Mi padre era alcarreño.

Nuevo estrépito, carcajadas, gritos, patadas en los bancos, bolitas de papel que buscan, en gracioso giro por el espacio, las narices del hijo de Peleo.

El pobre Zurita dejó pasar el chubasco, tranquilo, como un hombre empapado en agua ve caer un aguacero. Era bachiller en artes, había cursado la carreta del Notariado, y estaba terminando con el doctorado la de Filosofía y letras; y todo esto suponía multitud de cursos y asignaturas, y cada asignatura había sido ocasión para bromas por el estilo, al pasar lista por primera vez el catedrático. ¡Las veces que se habrían reído de él porque se llamaba Aquiles! Ya se reía él también; y aunque siempre procuraba retardar el momento de la vergonzosa declaración, sabía que al cabo tenía que llegar, y lo esperaba con toda la filosofía estoica que había estudiado en Séneca, a quien sabía casi de memoria y en latín, por supuesto. Lo de preguntarle si era hijo de Peleo era nuevo, y le hizo gracia.

Bien se conocía que aquel profesor era una eminencia de Madrid. En Valencia, donde él había estudiado los años anteriores, no tenían aquellas ocurrencias los señores catedráticos.

Zurita no se parecía al vencedor de Héctor, según nos le figuramos, de acuerdo con los datos de la poesía.

Nada menos épico ni digno de ser cantado por Homero que la figurilla de Zurita. Era bajo y delgado, su cara podía servir de puño de paraguas, reemplazando la cabeza de un perro ventajosamente. No era lampiño, como debiera, sino que tenía un archipiélago de barbas, pálidas y secas, sembrado por las mejillas enjutas. Algo más pobladas las cejas, se contraían constantemente en arrugas nerviosas, y con esto y el titilar continuo de los ojillos amarillentos, el gesto que daba carácter al rostro de Aquiles era una especie de resol ideal esparcido por ojos y frente; parecía, en efecto, perpetuamente deslumbrado por una luz muy viva que le hería de cara, le lastimaba y le obligaba a inclinar la cabeza, cerrar los ojos convulsos y arrugar las cejas. Así vivía Zurita, deslumbrado por todo lo que quería deslumbrarle, admirándolo todo, creyendo en cuantas grandezas le anunciaban, viendo hombres superiores en cuantos metían ruido, admitiendo todo lo bueno que sus muchos profesores le habían dicho de la Antigüedad, del progreso, del pasado, del porvenir, de la historia, de la filosofía, de la fe, de la razón, de la poesía, de la crematística, de cuanto Dios crió, de cuanto inventaron los hombres. Todo era grande en el mundo menos él. Todos oían el himno de los astros que descubrió Pitágoras, sólo él, Aquiles Zurita, estaba privado, por sordera intelectual, de saborear aquella delicia; pero en compensación tenía el consuelo de gozar con la fe de creer que los demás oían los cánticos celestes.

No había acabado de decir su chiste el profesor de las gafas, y ya Zurita se lo había perdonado.

Y no era que le gustase que se burlaran de él; no, lo sentía muchísimo; le complacía vivamente agradar al mundo entero; mas otra cosa era aborrecer al prójimo por burla de más o de menos. Esto estaba prohibido en la parte segunda de la Ética, capítulo tercero, sección cuarta.

El catedrático de los ojos malos, que tenía diferente idea de la sección cuarta del capítulo tercero de la segunda parte de la Ética, quiso continuar la broma de aquella tarde a costa del Aquiles alcarreño, y en cuanto llegó la ocasión de las preguntas, se volvió a Zurita y le dijo:

—A ver, el señor don Aquiles Zurita. Hágame usted el favor de decirme, para que podamos entrar en nuestra materia con fundamento propio, ¿qué entiende usted por conocimiento?

Aquiles se incorporó y tropezó con la cabeza en el techo; se desconchó este, y la cal cubrió el pelo y las orejas del estudiante. *(Risas.)*

—Conocimiento... conocimiento... es... Yo he estudiado Metafísica en Valencia...

—Bueno, pues... diga usted, ¿qué es conocimiento en Valencia?

La cátedra estalló en una carcajada: el profesor tomó la cómica seriedad que usaba cuando se sentía muy satisfecho. Aquiles se quedó triste. «Se estaba burlando de él, y esto no era propio de una eminencia».

Mientras el profesor pasaba a otro alumno, para contener a los revoltosos, a quien sus gracias habían soliviantado, Zurita se quedó meditando con amargura. Lo que él sentía más era tener que juzgar de modo poco favorable a una eminencia como aquella de los anteojos. ¡Cuántas veces, allá en Valencia, había saboreado los libros de aquel sabio, leyéndolos entre líneas, penetrando hasta la médula de su pensamiento!

Tal vez no había cinco españoles que hubieran hecho lo mismo. ¡Y ahora la eminencia, sin conocerle, se burlaba de él porque tenía la voz débil y porque había estudiado en Valencia, y porque se llamaba Aquiles, por culpa de su señor padre, que había sido amanuense de Hermosilla!

Sí, Aquiles era un nombre ridículo en él. Su señor padre le había hecho un flaco servicio; ¡pero cuánto le debía! Bien podía perdonarle aquella ridiculez recordando que por él había amado los clásicos, había aprendido a respetar las autoridades, a admirar lo admirable, a ver a Dios en sus obras y a creer que la belleza está en todo y que la poesía es, *como decía el gran Jovellanos,* «el lenguaje del entusiasmo y la obra del genio». ¡Oh dómine de Azuqueca, tu hijo no reniega de ti, ni de tu pedantería, a la que debe la rectitud clásica de su espíritu, alimento fuerte, demasiado fuerte para el cuerpo débil y torcido con que la naturaleza quiso engalanarle interinamente!

Pero, aquel mismo señor catedrático, seguía pensando Zurita, ¿hacía tan mal en burlarse de él? ¡Quién sabe! Acaso era un humorista; sí, señor, uno de esos ingenios de quien hablan los libros de retórica filosófica al uso. Nunca se había explicado bien Aquiles en qué consistía aquello del *humor* inglés, traducido después a todos los idiomas, pero ya que hombres más sabios que él lo decían, debía de ser cosa buena. ¿No aseguraban algunos estéticos alemanes (¡los alemanes!, ¡qué gran cosa ser alemán!) que el humorismo es el más alto del ingenio? ¿Que cuando ya uno, de puro inteligente, no sirve para nada bueno, sirve todavía para reírse de los demás? Pues de esta clase, sin duda, era el señor catedrático: un gran ingenio, un humorista, que se reía de él muy a gusto. Claro, ¿a quién se le ocurre llamarse Aquiles y haber estudiado en Valencia?

II

Tenía ya treinta años. Hasta los quince había ayudado a su padre a enseñar latín; a los veinte se había hecho bachiller en artes en el Instituto de Guadalajara; después había vivido tres años dando paso de Retórica, Psicología, Lógica y Ética, a los niños ricos y holgazanes. Un caballero acaudalado se lo llevó a Oviedo en calidad de ayo de sus hijos, y allí pudo cursar la carrera del Notariado. A los veinticinco años la historia le encuentra en Valencia sirviendo de ayuda de cámara, disfrazado de maestro, a dos estudiantes de leyes, huérfanos, americanos. A cada nuevo título académico que adquiría Zurita cambiaba de amo, pero siempre seguía siendo criado con aires de pedagogo. Parecía que su destino era aprenderse de memoria, a fuerza de repetirlas, las lecciones que debían saber los demás. Al cabo supo todo lo que ignoraban los que medraron mucho más que él. Zurita les enseñaba... y ellos no aprendían; pero ellos subían y él no adelantaba un paso.

Estas reflexiones no son de Zurita. Aquiles seguía pensando que era muy temprano para medrar. A los veintisiete años emprendió la carrera de filosofía y letras que, según él, era su verdadera vocación. «Ahora me toca estudiar a mí», se dijo el infeliz, que no había crecido de tanto estudiar; que tenía una palidez eterna, como reflejo de la palidez de las hojas de sus libros.

¿De qué vivía Zurita después que dejó de enseñar Retórica y cepillar la ropa a sus discípulos? Vivía de sus ahorros. El ahorro era una religión y una tradición familiar para Aquiles. El amanuense de Hermosilla, el que había copiado en hermosa letra de Torío toda la *Ilíada* en endecasílabos, había sido, además de humanista, avaro;

guardaba un cuarto y lo ponía a parir; y a veces los cuartos del dómine de Azuqueca parían gemelos. Desde niño, Aquiles, que tenía la moral casera por una moral revelada, se había acostumbrado al ahorro como a una segunda naturaleza. La idea del fruto civil le parecía tan inherente a las leyes de la creación como la de todo desarrollo y florecimiento. Así como la tierra —o sea Demetera según Zurita— de su fecundo seno saca todos los frutos, así el ahorro en el orden social produce el interés, su hijo legítimo. Malgastar un cuarto le parecía al tierno Aquiles tan bárbara acción como hacer malparir a una oveja o aplastarle en el vientre los póstumos recentales, o como destrozar un árbol robándole la misteriosa savia que corría a nutrir y dar color de salud a los frutos incipientes.

Cuando leyó, hombre ya, la apología que escribió Bastiat del *petit centime*, Aquiles lloró enternecido. Bastiat fue para él un san Juan del evangelio económico.

Aquello que la *ciencia* le decía lo había él adivinado. Pero ¡con qué elocuencia lo demostraba el sabio! ¡La religión del interés! ¡La religión del ahorro! ¡Las armonías del tanto por ciento!... Esto era lo que él había aprendido empíricamente en el hogar bendito. «El dómine de Azuqueca era, además de un Quintiliano, un Bastiat *inconsciente*». Zurita alababa la memoria de su padre, que tenía un altar en su corazón; y prestaba dinero a interés a sus condiscípulos. Como él era estoico, le costó poco trabajo vivir como un asceta; apenas comía, apenas vestía; su posada era la más barata de Valencia; le sobraba casi todo el sueldo que le daban los estudiantes americanos, como antes le había sobrado la soldada que recibía del ricacho de Oviedo. Cuando Zurita se decidió a *estudiar de veras*, con independencia, sin dar lecciones ni limpiar botas, reunía, merced a sus ahorros y a los que heredara de su padre, una renta de dos mil trescientos reales, colocada a salto de mata, en peligrosos parajes del crédito, pero a un interés muy respetable, en consonancia con el riesgo. Cobraba los intereses a tocateja; sin embargo, merced a su fuerza de voluntad, a su constancia en el pedir y a la pequeñez de las cantidades que tenían que entregarle sus deudores. Por cobrar una peseta de intereses daba tres vueltas al mundo, y abrumaba al deudor con su presencia, y se dejaba insultar. Siempre cobraba. Peseta a peseta y a lo más duro a duro, recogía sus rentas, las rentas de aquel capital esparcido a todos los vientos. De los dos mil trescientos reales le sobraban al año los trescientos para aumentar el capital. Las matrículas no le costaban dinero, sino disenterías, porque las ganaba a fuerza de estudiar. Su presupuesto exigía que los estudios se los pagase el Estado. Tenía, por consiguiente, que ganar de seguro el premio llamado... *matrícula de honor*; tenía que estudiar de manera que a ningún condiscípulo pudiese ocurrírsele disputarle el premio. Y conseguía su propósito. No había más que sacrificar el estómago y los ojos. Con sus dos mil reales pagaba la posada y se vestía y calzaba. Su ambición oculta, la que apenas se confesaba a sí mismo, era ir a Madrid. Su gran preocupación eran las *eminencias*, a quien también llamaba *aquellas lumbreras*. Aunque sus aficiones intelectuales y los recuerdos de las enseñanzas domésticas le inclinaban a las ideas que se suele llamar reaccionarias, en punto a *lumbreras* admiraba la de todos los partidos y escuelas, y lo mismo se pasmaba ante un discurso de Castelar que ante una lamentación de Aparisi. ¡Si él pudiese oír algún día y ver de cerca a todos aquellos sabios que explicaban en la Universidad Central, en el Ateneo y hasta en el Fomento de las Artes! A los muchachos valencianos que estudiaban en Madrid les preguntaba, cuando volvían por el verano, mil pormenores de las costumbres, figuras y gestos de las *lumbreras*. Leía todos los libros nuevos que caían en sus manos, y se desesperaba cuando no entendía muy bien las *modernas teorías*.

Quedarse zaguero en materia científica o literaria se le antojaba el colmo de lo ridículo, y los autores que le atraían a su causa enseguida eran los que trataban de ignorantes, fanáticos y trasnochados a los que no seguían sus ideas. Por más que el corazón le llamaba hacia las doctrinas tradicionales, al espiritualismo más puro, los libros de cubierta de color de azafrán, que entonces empezaban a correr por España anunciando, entre mil galicismos, que el pensamiento era una sección del cerebro, trastornaban el juicio del pobre Zurita.

La duda entró en su alma como un terremoto, y sus entrañas padecieron mucho con aquellos estremecimientos de las creencias. Muchas veces, mientras sacaba lustre a las botas de algún discípulo muy amado, su pensamiento padecía torturas en el potro de una duda acerca de la permanencia del *yo*.

—¿El *yo* de hoy es el *yo* de ayer, señor Zurita? —le había preguntado un filósofo que acababa de cursar el doctorado de letras en Madrid, y venía con una porción de problemas filosóficos en la maleta.

Zurita a sus solas meditaba: «Mi *yo* de hoy ¿es el mismo de ayer? Ese que limpia estas botas ¿es el mismo que las limpió ayer?». Y para sacar mejor el lustre, contrayendo los músculos de la boca, arrojaba sobre la piel de becerro el aliento de sus pulmones.

El aliento salía caliente, y esto le recordaba la teoría de Anxímenes y en general las de toda la escuela jónica; y el materialismo antiguo, empalmado con el moderno se le volvía a aparecer mortificándole con sus negaciones supremas de lo espiritual, inmortal y suprasensible. El pobre muchacho pasaba las de Caín con estas dudas. En materias literarias también *había sufrido una revolución*, como decía Zurita, imitando sin querer el estilo de las *lumbreras.* «¡Él, que se había criado en el estilo más clásico que pudo enseñar amanuense de retórico!». Ya se había acabado la retórica complicada de las figuras, y según veía por sus libros, y según lo que le decían los estudiantes que venían de Madrid, ahora la poesía era objetiva o subjetiva, y el arte tenía *una finalidad propia* con otra porción de zarandajas filosóficas, todas extranjeras. Para enterarse bien de todas estas y otras muchas novedades, deseaba, sin poder soñar con otra cosa, verse en la corte, en las cátedras de la Universidad Central, cara a cara con el profesor insigne de Filosofía a la moda y con el de literatura trascendental y enrevesada.

Llegó el día esperado con tal ansia, y Zurita entró en la corte, y antes de buscar posada, fue a matricularse en el doctorado de Filosofía y Letras. Licenciado ya se había hecho, según queda apuntado.

En la fonda de seis reales sin principio en que hubo de acomodarse, encontró un filósofo cejijunto, taciturno y poco limpio que dormía en su misma alcoba, la cual tenía vistas a la cocina por un ventanillo cercano al techo... y no tenía más vistas.

Era el filósofo hombre, o por lo menos filósofo, de pocas palabras, y jamás a los disparates que decían los otros huéspedes en la mesa quería mezclar los que a él pudieran ocurrírsele. Zurita le pidió permiso la primera noche para leer en la cama hasta cerca de la madrugada. Separaba los dos miserables catres el espacio en que cabía apenas una mesilla de nogal mugrienta y desvencijada; allí había que colocar el velón de aceite (porque el petróleo apestaba), y como la luz podía ofender al filósofo, que no velaba, creyó Zurita obligación suya pedir licencia.

El filósofo, que tendría sus treinta y cuatro años y parecía un viejo malhumorado, seco y frío, se desnudaba mirando a Zurita, que ya estaba entre sábanas, con gesto de lástima orgullosa, y contestó:

—Usted, señor mío, es muy dueño de leer las hora que quiera, que a mí la luz no me ofende para dormir. El mal será para usted, que con velas perderá la salud y con leer llenará el espíritu de *prejuicios*.

No replicó Zurita, por falta de confianza, pero no dejó de asombrarle aquello de los *prejuicios*. Poco a poco, pero sin trabajo, fue consiguiendo que el filósofo se dignara soltar delante de él alguna sentencia, no a la mesa al almorzar o al cenar, sino en la alcoba antes de dormirse.

Como Zurita observase que el señor don Cipriano, que así se llamaba, y nunca supo su apellido, sobre todo asunto de ciencia o arte daba sentencia firme y en dos palabras condenaba a un sabio y en media absolvía a otro, se le ocurrió preguntarle un día que a qué hora estudiaba tanto como necesitaba saber para ser juez inapelable en todas las cuestiones. Sonrió don Cipriano y dijo:

—Ha de saber el licenciado Zurita que nosotros no leemos libros, sino que *aprendemos en la propia reflexión, ante nosotros mismos, todo lo que hay puesto en la conciencia para conocer en vista inmediata, no por saberlo, sino por serlo.*

Y se acostó el filósofo sin decir más, y a poco roncaba.

Zurita aquella noche no podía parar atención en lo que leía, y dejaba el libro a cada pocos minutos, y se incorporaba en su catre para ver al filósofo dormir.

Empezaba a parecerle un tantico ridículo buscar la sabiduría en los libros, mientras otros roncando se lo encontraban todo sabido al despertar.

Algunas veces había visto al don Cipriano en los claustros de la universidad; pero como sabía que no era estudiante, no podía averiguar a qué iba allí.

Una noche, en que la confianza fue a más se atrevió a preguntárselo.

El filósofo le dijo que él también iba a cátedra, pero no con el intento de tomar grados ni títulos, sino con el de comulgar en la ciencia con sus semejantes, como también Zurita podía hacer, si le parecía conveniente.

Contestó Aquiles que nada sería más de su agrado que estudiar desinteresadamente y comulgar en aquello que se le había dicho.

A los pocos días Zurita comenzaba a ser krausista como el señor don Cipriano, con quien asistía a una cátedra que ponía un señor muy triste. Sin dejar las clases en que estaba matriculado, consagró lo más y lo principal de su atención a la nueva filosofía (nueva para él) que le enseñaba el señor taciturno, con ayuda del filósofo de la posada. Don Cipriano le decía que al principio no entendería ni una palabra; que un año, y aun dos, eran pocos para comenzar a iniciarse en aquella filosofía armónica, que era la única, pero que no por eso debía desmayar, pues, como aseguraba el profesor, para ser filósofo no se necesita tener talento. Estas razones no le parecían muy fuertes a Zurita, porque ni él necesitaba tales consuelos, ni había dejado de entender una palabra de cuantas oyera al profesor.

A esto replicaba don Cipriano que lo de creer entenderle era un puro *prejuicio*, preocupación subjetiva, y el declarar que entendía, prueba segura de no entender.

Cada día iba estando más clara para el buen Aquiles la doctrina del maestro; pero como don Cipriano se obstinaba en probarle que era imposible que comprendiese de buenas a primeras lo que otros empezaban a vislumbrar a los tres años de estudio, el dócil alcarreño se persuadió al cabo de que vivía a oscuras y de que el ver la luz de la razón iba para largo. Tendría paciencia.

Cuando el catedrático de los anteojos le preguntó si era hijo de Peleo y lo que era conocimiento en Valencia, Aquiles desahogó la tristeza que le produjo el ridículo en el pecho de su filósofo de la posada.

—Merecida se tiene usted esa humillación, por asistir a esas cátedras de pensadores meramente subjetivos, que comienzan la ciencia desde la abstracción imponiendo ideas particulares como si fueran evidentes.

—Pero, señor don Cipriano, como yo necesitaba probar el doctorado...

—Déjese usted de títulos y relumbrones. ¿No es usted ya licenciado? ¿No le basta eso?

—Pero, como quiero hacer oposición a cátedras...

—Hágala usted.

—¿Cómo, sin ser doctor?

—A cátedras de instituto.

—Pero esas no tienen ascensos, ni derechos pasivos, y si llego a casarme...

—¡Ta, ta, ta! ¿Qué tiene que ver la ciencia con las clases pasivas ni con su futuro de usted? El filósofo no se casa si no puede. ¿No sabe usted, señor mío, amar la ciencia por la ciencia?... Concrétese usted a una aspiración; determine usted su vocación, dedicándose, por ejemplo, a una cátedra de Psicología, Lógica y Ética, y prescinda de lo demás. Así se es filósofo y sólo así.

Zurita no volvió a la cátedra del señor de los ojos ahumados.

Perdió el curso, es decir, no se examinó siquiera, ni volvió a pensar en el doctorado, que era su ambición única allá en Valencia.

Lo que a él le importaba ahora ya no era un título más, sino *encontrar a Dios en la conciencia, siendo uno con Él y bajo Él.*

Buscaba Aquiles, pero Dios no aparecía de ese modo.

Su vida material (la de Zurita) no tenía accidentes dignos de mención. Pasaba el día en la Universidad o en su cuartito junto a la cocina. En la mesa le dejaban los peores bocados y los comía sin protestar. La patrona, que era viuda de un escritor público, y tenía un lunar amarillo con tres pelitos rizados cerca de la boca, la patrona miraba con ojos tiernos (restos de un romanticismo ahumado en la cocina) a su huésped predilecto, al pobre Zurita, capaz de comer suelas de alpargata si venían con los requisitos ordinarios de las chuletas rebozadas con pan tostado. Nunca atendía al subsuelo Aquiles. Debajo del pan, cualquier cosa; él de todos modos lo llamaría chuleta. Mascaba y tragaba distraído; si el bocado de estopa, o lo que fuese, oponía una resistencia heroica a convertirse en bolo alimenticio y no quería pasar del gaznate, a Zurita se le pasaba por la imaginación que estaba comiendo algo cuya *finalidad* no era la deglución ni la digestión; pero se resignaba. ¡Era cuestión tan baladí averiguar si aquello era carne o pelote!

¡Con qué lástima miraba Aquiles a un huésped, estudiante de Farmacia, que todos los días protestaba las chuletas de doña Concha (la patrona), diciendo que «aquello no constituía un *plato fuerte*, como exigían las bases del contrato, y que él no quería ser víctima de una mistificación!». ¡Si estaría lleno de *prejuicios* aquel estudiante! Doña Concha le servía un par de huevos fritos sucedáneos de la chuleta. El estudiante de Farmacia, por fórmula, pedía siempre la chuleta, pero dispuesto a comer los huevos. La criada acudía con el plato *no constituyente*, como le llamaban los otros huéspedes; el de Farmacia, con un gesto majestuoso, lo rechazaba y decía «¡huevos!» como pudiera haber dicho *Delenda est Carthago*. La chuleta del estudiante, según los maliciosos, ya no era de carne, era de madera, como la comida de teatro. Esto se confirmó un día en que doña Concha, haciendo la apología de la paciencia gástrica de Zurita, exclamó: «¡Ese ángel de Dios y de las escuelas sería capaz de comerse la chuleta del boticario!».

Don Cipriano ya no almorzaba ni comía en la casa. No venía más que a dormir.

Zurita le veía pocas veces en la cátedra del filósofo triste. El otro le explicaba su ausencia diciendo:

—Es que ahora voy a oír a Salmerón y a Giner. Usted todavía no está para eso.

En efecto, Zurita, aunque empezaba a sospechar que su profesor de filosofía armónica no daba un paso, se guardaba de dar crédito a esas *aprensiones subjetivas*, y continuaba creyendo al sabio melancólico bajo su palabra.

Una noche don Cipriano entró furioso en la alcoba; Zurita, que meditaba, con las manos cruzadas sobre la cabeza, metido en la cama, pero sentado y vestido de medio cuerpo arriba; Zurita, volviendo de sus espacios imaginarios, le preguntó:

—¿Qué hay, maestro?

—¡Lea usted! —gritó don Cipriano, y le puso delante de los ojos un papel impreso en que al filósofo de seis reales sin principio y a otros como él les llamaban, sin nombrarles, *attachés*, o sea, agregados, del krausismo. Zurita se encogió de hombros. No comprendía por qué don Cipriano se irritaba; ni ser *agregado* de la ciencia le parecía un insulto, ni quien escribía aquello, que era un pensador *meramente discursivo*, de ingenio, pero *irracional* (según la suave jerga de don Cipriano), merecía que se tomase en cuenta su opinión.

El filósofo llamó idiota a Zurita y apagó la luz con un soplo cargado de ira.

III

Muy en serio había tomado Aquiles lo de ver dentro de sí —siendo uno con él— a Su Divina Majestad. Se le antojaba que de puro zote no encontraba en sí aquella unidad en el Ser que para don Cipriano y el catedrático triste era cosa corriente.

El filósofo se retiraba tarde, pero dormía la mañana. Aquiles se acostaba para que no se le enfriasen los pies al calentársele la cabeza; y sentado en el lecho, que parecía sepultura, meditaba gran parte de la noche, primero acompañado de la mísera luz del velón, después de las doce a oscuras; porque la patrona le había dicho que aquel gasto de aceite iba fuera de la cuenta del pupilaje. Mientras don Cipriano roncaba y a veces reía entre sueños, Zurita pasaba revista a todos los recursos que le habían enseñado a prescindir de su propio yo, *como tal yo finito (este que está aquí, sin más)*. El sueño le rendía, y cuando empezaban a zumbarle los oídos, y se le cerraban los ojos, y perdía la conciencia del lugar y la del contacto, era cuando se le figuraba que iba entrando en el *yo en sí, antes de la distinción de mí a lo demás...* y en tan preciosos momentos se quedaba el pobre dormido. De modo que no parecía Dios.

Se quejaba el infeliz a su mentor, y don Cipriano le decía:

—Cómprese usted una cafetera y tome mucho café por la noche.

Así lo hizo Aquiles, aunque a costa de grandes sacrificios. Como se alimentaba poco y mal, y no tomaba ordinariamente café, por espíritu de ahorro, el moka de castañas y otros indígenas le produjo los primeros días excitaciones nerviosas, que le ponían medio loco. Hacía muecas automáticas. Guiñaba los ojos sin querer y daba brincos sin saberlo. Pero conseguía su propósito: no se dormía.

Aunque el Ser en la Unidad no acababa de presentársele, tenía grandes esperanzas de poseer la apetecida visión en breve. ¡El café le hacía pensar cada cosa! A lo mejor le entraba, sin saber por qué y sin motivos racionales, un amor descomunal a la Humanidad de la Tierra, como decía él, copiando a don Cipriano. Lloraba de ternura considerando las armonías del Universo, y la dignidad de su categoría de ser consciente y libre le ponía muy hueco. Todo esto a oscuras y mientras roncaba don Cipriano.

Pero ¡oh dolor! al cabo de pocas semanas el café perdió su misterioso poder, y le hizo el mismo efecto que si fuese agua de castañas, como efectivamente era. Volvía a dormirse en el instante crítico de disolverse en lo infinito, *siendo uno con el Todo*, sin dejar de ser este que individualmente era, Zurita.

—Pero usted, don Cipriano —preguntaba desconsolado el triste Aquiles al filósofo cuando este despertaba (ya cerca de las doce de la mañana)—, ¿usted ve realmente a Dios en la conciencia, siendo uno con Él?

—Y tanto como veo —respondía el filósofo mientras se ponía los calcetines, de que no haré descripción de ningún género. Baste decir, por lo que respecta a la ropa blanca del pensador, que no había tal blancura, y que si era un sepulcro don Cipriano, no era de los blanqueados por fuera; la ropa de color había mejorado, pero en paños menores era el mismo de siempre.

—Y diga usted, ¿dónde consiguió ver por primera vez la Unidad del Ser dentro de sí?

—En la Moncloa. Pero eso es accidental; lo que conviene es darse grandes paseos por las afueras. En las Vistillas, en la Virgen del Puerto, en la ronda de Recoletos, en Atocha, en la Venta del Espíritu Santo y en otros muchos parajes por el estilo he disfrutado muchas veces de esa vista interior porque usted suspira.

Desde entonces Zurita dio grandes paseos, a riesgo de romper las suelas de los zapatos, pero no consiguió su propósito; le robaron el reloj de plata que heredara de sus mayores, mas no se le apareció el Ser en la Unidad.

—¿Pero usted lo ve? —repetía el aprendiz.

—¡Cuando le digo a usted que sí!

Zurita empezaba a desconfiar de ser en la vida un filósofo sin *prejuicios*. «¡Este maldito yo finito, de que no puedo prescindir!».

Aquel *yo* que se llamaba Aquiles le tenía desesperado.

Nada, nada, no había medio de verse en la Unidad del ser pensado y el ser que piensa bajo Dios. ¡Y para esto había él perdido el curso del Doctorado!

El hijo del dómine de Azuqueca se hubiera vuelto loco, de fijo, si Dios, que veía sus buenas intenciones, no se hubiera compadecido de él apartando de su trato a don Cipriano, que se fue a otra posada, y no volvió por la de Zurita ni por la universidad y trayendo a España nuevas corrientes filosóficas, que también habían de volverle la cabeza a Aquiles, pero de otro lado.

Por aquel tiempo recibió una carta de una antigua amiga de Valencia que se había trasladado a Madrid, donde su esposo tenía empleo, y le llamaba para que, si era tan bueno, diese lección de latín a un hijo de las entrañas, mucho más mocoso que amigo de los clásicos. No pensaba Zurita aceptar la proposición, pues aunque sus rentas eran lo escasas que sabemos, a él le bastaban, y la filosofía, además, no le permitía perder el tiempo en niñerías por el vil interés; pero fue a ver a la señora para decírselo todo en persona.

Era la dama o rica o amiga de aparentarlo, porque su casa parecía de gran lujo y allí vio, palpó y hasta olió Zurita cuanto inventó el diablo para regalo de los sentimientos perezosos. Lo peor de la casa era el marido, casi enano, bizco, y de tan malos humores, que los vomitaba en forma de improperios de la mañana a la noche; pero estaba poco en casa, de lo que se mostraba muy contenta la señora. Esta, llamada doña Engracia, era beata de las orgullosas, de las que se ponen muy encarnadas si oyen hablar mal de los curas malos, como si fuesen ellas quien les cría; su virtud parecía cosa de apuesta, más la tenía por tesón que por amor de Dios, que era como no tenerla. Siempre hablaba de privaciones, de penitencias; pero, como no fuera de lo desagradable, lo pobre y lo feo, no se sabía de qué se privaba aquella señora, rodeada de seda, y terciopelo, que pisaba en blanduras recostando el cuerpo, forrado de batista, en muebles que hacían caricias suaves como de abrazos al que se sentaba o tendía en ellos. Verdad es que ayunaba y comía de vigilia siempre que era de precepto, y otras veces por devoción; pero sus ayunos eran pobrezas del estómago, que no resistía más alimento, y sus vigilias comer mariscos exquisitos y pescados finos y beber vinos deliciosos. No tenía amante doña Engracia, y como el marido bizco y de forma de chaparro no hacía cuenta, sus veintinueve años (los de la dama) estaban en barbecho. No le faltaban deseos, tentaciones, que ella atribuía al diablo; pero por salir con la suya rechazaba a cuantos se le acercaban con miras de pecar. Mas la ociosa lascivia hurgaba, y como no tenía salida, daba coces contra los sentidos que se quejaban de cien maneras. Pasaba la señora el día y la noche en discurrir alguna traza para satisfacer aquellas ansias sin dejar de parecer buena, sin que hubiera miedo de que el mundo pudiese sospechar que las satisfacía. Y al cabo el diablo, que no podía ser otro, le apuntó lo que había de hacer, poniéndole en la memoria al don Aquiles Zurita que había conocido en Valencia.

Para abreviar (que no es esta la historia de doña Engracia, sino la de Zurita), la dama consiguió que el filosofastro «le sacrificara», como ella dijo, una hora cada día para enseñar latín al muchacho. Al principio la lección la tenían a solas maestro y discípulo; pero, pasada una semana, la madre del niño comenzó a dejar olvidados en la sala de la lección pañuelos, ovillos de hilo, tijeras y otros artículos, y al cabo no hacía más que entrar y no salir; con lo que Zurita, a pesar de su modestia e inocencia prístina, comenzó a sospechar que doña Engracia se había aficionado a su persona.

¡Rara coincidencia! Observación parecida había hecho en la posada, notando que la patrona, doña Concha, suspiraba, bajaba los ojos y retorcía las puntas del delantal en cuanto se quedaba sola con él. Los suspiros eran de bomba real allá en la noche, cuando Aquiles meditaba o leía, y la viuda, que dormía pared por medio, velaba distraída en amorosas cavilaciones. En una ocasión tuvo el eterno estudiante que dejar las ociosas plumas (que

eran de paja y pelote duro) porque la disentería le apura-
ba —¡tanto estudiar!— y a medianoche, descalzo y a oscuras, se aventuró por los pasillos. Equivocó el camino, y
de golpe y porrazo dio en la alcoba de doña Concha. La
viuda, al sentir por los pasillos al joven, había apagado la
luz y esperaba, con vaga esperanza, que una resolución
heroica del muchacho precipitase los acontecimientos
que ella en vano quería facilitar a fuerza de suspiros sim-
bólicos. Doña Concha era romántica tan consecuente
como Moyano, y hubiera preferido una declaración a la
luz de la luna y por sus pasos contados, con muchos preparativos, graduada y *matizada*; pero, ya que el ardiente
doncel prefería un ataque brutal, ella estaba dispuesta a
todo, aunque reservándose el derecho de una protesta tímida y débil, más por lo que se refería a la forma que por
otra cosa. Doña Concha tenía cuarenta años bien con-
servados, pero cuarenta...

Cuando conoció su error, que fue pronto, Zurita se
deshizo en excusas y buscó precipitadamente la puerta.
Entonces el pudor de la patrona despertó como el león
de España de 1808 y comenzó a gritar: «¡Ladrones!, ¡ladrones! ¿Quién anda ahí?... ¡Oigan la mosquita muerta!», y otros tópicos de los muchos que ella conocía para
situaciones análogas. El amor propio no le dejó a la viuda creer lo de la equivocación, y se inclinó a pensar que
el prudente Aquiles, en un momento de amor furioso, se
había levantado y había acometido la empresa formidable de que luego se arrepintiera, tal vez por la pureza de
su amor secreto.

Ello es que la viuda siguió suspirando, y hasta se pro-
pasó, cuando vino la primavera, a dejar todas las maña-
nas en un búcaro de barro cocido un ramo de violetas sobre la mesilla de noche del filosofastro.

Comprendiendo Aquiles que aquella pasión de doña Concha le distraía de sus reflexiones y le hacía pensar demasiado en las calidades del *yo* finito, decidió dejar la posada de las chuletas de cartón-piedra, y sin oír a los sentidos, que le pedían el pasto perpetuamente negado, salió con su baúl, sus libros y su filosofía armónica de la isla encantada en que aquella Circe, con su lunar junto a la boca, ofrecía cama, cocido y amor romántico por seis reales... sin principio.

Más peligrosa era la *flirtation* de doña Engracia, que cada día se insinuaba con mayor atrevimiento. Vestía aquella señora en casa unos diablos de batas de finísima tela que se pegaba al cuerpo de diosa de la enemiga como la hiedra al olmo; se sentaba en el sofá, y en la silla larga, y en el confidente (todo ello blando, turgente y lleno de provocaciones), con tales posturas, doblándose de un modo y enseñando unas puntas de pie, unos comienzos de secretos de alabastro y unas líneas curvas que mareaban, con tal arte y hechicería, que el mísero Zurita no podía pensar en otra cosa, y estuvo una semana entera apartado de su investigación de la Unidad del Ser en la conciencia, por no creer digno de que ideas y comuniones tan altas entrasen en su pobre morada.

Según huían los pensamientos filosóficos, despertaban en el cerebro del hijo del dómine recuerdos de los estudios clásicos y se le aparecía Safo con aquel *zumbar de oídos*, que a él también le sorprendiera algunas veces cuando doña Engracia se le acercaba hasta tocarle las rodillas con las suyas. Entonces también le venía a la memoria aquello de Ovidio en la elegía IV de *Los Amores*:

Quidquid ibi poteris tangere, tage mei...

¡Ovidio! De coro se lo sabía Aquiles, pero ¡con qué desinterés! Sin que un mal pensamiento surgiese en su mollera, consagrada a las humanidades, en la juventud risueña Aquiles había traducido y admirado, desde el punto de vista del arte, todas las picardías galantes del poeta de las *Metamorfosis*. Sabía cómo había que enamorar a una casada, las ocasiones que se debían aprovechar y las maniobras a que se la sujetaba para que no pudiera inspirar celos al amante el marido. Pero todo esto le parecía antes a Zurita bromas de Ovidio, mentiras hermosas para llenar hexámetros y pentámetros.

Mas ¡ay! ahora los dísticos del poeta de los cosméticos volvían a su cerebro echando fuego, cargado de aromas embriagadores, con doble sentido, llenos de vida, significando lo que antes Aquiles no podía comprender. ¡Cuántas veces, mientras estaba al lado de doña Engracia, como un palomino aturdido, sin dar pie ni mano, venían a su imaginación los pérfidos consejos del poeta lascivo!

¡Y qué extraña mezcla harían allí dentro los versos del latino y los sanos preceptos de los *Mandamientos de la humanidad* vulgarizados en francés por el simpático filósofo de Bruselas Mr. Tiberghien! «¡Vaya una manera de buscar lo Absoluto dentro de mí siendo uno conmigo!», pensaba Zurita.

—Sin embargo —añadía— yo no sucumbiré, porque estoy decidido a no declararme a doña Engracia, y ella, es claro que no se atreverá a ser la que envide; porque, como dice el condenado pagano, no hay que esperar que la mujer emprenda el ataque, aunque lo desee:

Vir prior accedat; vir verba precantia dicat:
excipiet blandas comiter illas preces.
Ut potiare roga: tantum cupit illa rogari

A pesar de tanto latín, Aquiles y Ovidio se equivocaron por esta vez, porque doña Engracia, convencida de que el tímido profesor de Humanidades jamás daría el paso definitivo, el que ella anhelaba, se arrojó a la mayor locura. Pálida, con la voz temblona, desgreñada, se declaró insensata un día al anochecer, estando solos. Pero Aquiles dio un brinco enérgico y dejó el bastón (pues capa no tenía) en casa de aquella especie de Pasifae enamorada de un cuadrúpedo.

—¡Sí, un cuadredúpedo! —iba pensando por la calle él—, porque debiendo haber huido antes, esperé a esta vergüenza, y estoy en ridículo a los ojos de esa mujer, y no muy medrado a los de mi conciencia, que mucho antes quiso el remedio de la fuga, y no fue oída.

Pero si al principio se apostrofó de esta suerte, más tarde, aquella misma noche, reflexionando y leyendo libros de moral, pudo apreciar con más justicia el mérito de su resistencia. Comió muy mal, como solía, pues para él mudar de posada sólo era mudar de hambre, y las chuletas de aquí sólo se diferenciaban de las de allá en que las unas podían ser de jaco andaluz y las otras de rocín gallego; mas para celebrar el triunfo moral del *ángel sobre la bestia*, como él decía, se toleró el lujo de pedir a la criada vino de lo que costaba a dos reales botella. Ordinariamente no lo probaba. Salió de su casa Aquiles a dar un paseo. Hacía calor. El cielo ostentaba todos sus brillantes. Debajo de algunos árboles de Recoletos, Zurita se detuvo para aspirar aromas embriagadores, que lo recordaban los perfumes de Engracia. ¡Oh, sí, estaba contento! ¡Había vencido la tentación! ¡Aquella hermosa tentación!... ¿Quién se lo hubiera dicho al catedrático de los anteojos ahumados? Aquel pobre Aquiles tan ridículo había rechazado en poco tiempo el amor de dos mujeres. Dejemos a un lado a doña Concha, aunque no era grano de anís; pero, ¿y doña Engracia? Era digna de un príncipe. Pues bien, se había enamorado de él, le había provocado con todas las palabras de miel, con todas las posturas de lazo, con todos los contactos de liga... y la mosca, la salamandra, el pez, el bruto, el ave no habían sucumbido. ¿Por qué se había enamorado de él aquella señora? Zurita no se hacía ilusiones; aun ahora se veía en la sombra, entre los árboles, y reconocía que ni fantaseada por la luz de las estrellas su figura tenía el patrón de Apolo. Doña Engracia había amado en él el capricho y el misterio. Aquel hombre tímido, para quien un triunfo que otros divulgaban era una abominación, un pecado irredimible, callaría hasta la muerte. El placer con Zurita era una singular manera del placer solitario. «Además, añadía para sus adentros Aquiles, yo sé por la Historia que ha habido extrañas aberraciones del amor en ilustres princesas; una se enamoró de un mono, otra de un enano, aquella de un cretino... y Pasifae de un toro, aunque esto es fabuloso: ¿por qué no se ha de enamorar de mí una mujer caprichosa?» Esta humildad positiva con que Zurita reconocía la escasez de sus encantos, esta sublime modestia con que se comparaba a un mono, le inundaba el alma de una satisfacción y de un orgullo legítimos.

Y así, muy en su derecho, suspiró, como quien respira después de un aprieto, mirando a su sombra desairada, y en voz alta, para oírse a sí mismo, exclamó contento (*compos volti*, pensó él):

—¡Oh, lo que es psicológicamente considerado... no soy una *vulgaridad*!

IV

Pasaron meses y meses, y un año, y más. Zurita seguía en Madrid asistiendo a todas las cátedras de ciencia armónica, aunque en el fondo de su fuero interno —como él lo llamaba— ya desesperaba de encontrar lo Absoluto, el Ser, así en letra mayúscula, en el propio *yo*, «no como este a distinción de los demás, sino en sí, en lo que era antes de ser para la relación del límite, etc.». El mísero no podía prescindir del *yo* finito aunque le ahorcasen.

Sin embargo, no renegaba del armonismo, aunque por culpa de este se estaba retrasando su carrera; no renegaba porque a él debía su gran energía moral, los solitarios goces de la virtud. Cuando oía asegurar que la satisfacción del bien obrar no es un placer intenso, se sonreía con voluptuosa delicia llena de misterio. ¡Lo que él gozaba con ser bueno! Tenía siempre el alma preparada como una tacita de plata para recibir la presencia de lo Absoluto, que *podía ser un hecho* a lo mejor. Así como algunos municipios desidiosos y dinásticos limpian las fachadas y asean las calles al anuncio de un viaje de SS. MM., Zurita tenía limpia, como ascua de oro, la pobre pero honrada morada de su espíritu, esperando siempre la visita del Ser. Además, la idea de que él era uno con el gran Todo le ponía tan hueco y le daba tales ínfulas de personaje impecable, que el infeliz pasaba las de Caín para no cometer pecados ni siquiera de los que se castigan como faltas. Él podría no encontrar lo Absoluto, pero el caso era que persona más decente no la había en Madrid.

Y cuando discutía con algún descreído decía Aquiles triunfante con su vocecilla de niño de coro:

—Vea usted; si yo no creyera en lo Absoluto, sería el mayor tunante del mundo; robaría, seduciría casadas y doncellas y viudas.

Y después de una breve pausa, en que se imaginaba el bendito aquella vida hipotética de calavera, repetía con menos convicción y menos ruido:

—Sí, señor, sería un pillo, un asesino, un ladrón, un libertino...

Por aquel tiempo algunos jóvenes empezaban a decir en el Ateneo que el mentir de las estrellas es muy seguro mentir; que de tejas arriba todo eran conjeturas; que así se sabía lo que era la esencia de las cosas como se sabe si España es o no palabra vascongada. Casi todos estos muchachos eran médicos, más o menos capaces de curar un constipado, alegres, amigos de alborotar y despreocupados como ellos solos. Ello es que hablaban mucho de Matemáticas, y de Física, y de Química, y decían que los españoles éramos unos retóricos, pero que afortunadamente ellos estaban allí para arreglarlo todo y acabar con la Metafísica, que, según parecía, era lo que nos tenía arruinados.

Zurita, que se había hecho socio transeúnte del Ateneo, merced a un presupuesto extraordinario que amenazaba *labrar su ruina*, Zurita oía con la boca abierta a todos aquellos sabios más jóvenes que él, y algunos de los cuales habían estudiado en París, aunque pocos. Los enemigos de la Metafísica se sentaban a la izquierda, lo mismo que Aquiles, que era liberal desde que era armónico. Algunas veces el orador antimetafísico y empecatado decía: «*Los que nos sentamos en estos bancos* creemos que tal y que cual». Zurita saltaba en la butaca azul, porque él no creía aquello. Su conciencia comenzó a sufrir terribles dolores.

Una noche un joven que estaba sentado junto a él y a quien había visto dos años atrás en la Universidad cursando griego y jugando al toro por las escaleras, se levantó para decir que el krausismo era una *inanidad*; que en España se había admitido por algunos, porque acabábamos de salir de la primera edad, o sea de la teológica, y estábamos en la metafísica; pero era preciso llegar a la edad tercera, a la científica o positiva.

Zurita no durmió aquella noche. Lo de estar en la segunda edad le parecía un atraso y, francamente, él no quería quedarse a la zaga.

Volvió al Ateneo, y... nada, todos los días lo mismo.

No había Metafísica; no había que darle vueltas. Es más, un periódico muy grande, a quien perseguía mucho el gobierno por avanzado, publicaba artículos satíricos contra los *ostras* que creían en la *psicología vulgar*, y los equiparaba a los reaccionarios políticos.

Zurita empezó a no ver claro en lo Absoluto.

Por algo él no encontraba el Ser dentro de sí, antes del límite, etc.

«¿Sería verdad que no había más que hechos?

Por algo lo dirían aquellos señoritos que habían estudiado en París, y los otros que sabían, o decían saber, termodinámica».

Discutiendo tímidamente en los pasillos con un paladín de los *hechos*, con un enemigo de *toda ciencia a priori*, Zurita, que sabía más lógica que el otro, le puso en un apuro, pero el de los hechos le *aplastó* con este argumento:

—¿Qué me dice usted a mí, santo varón, a mí, que he comido tres veces con Claudio Bernard, y le di una vez la toalla a Vulpián, y fui condiscípulo de un hijo del secretario particular de Littré?...

Zurita calló, anonadado. ¡Se vio tan ridículo en aquel momento! ¿Quién era él para discutir con el hombre de la toalla...? ¿Cuándo había comido él con nadie?

Dos meses después Aquiles se confesaba entre suspiros «que había estado perdiendo el tiempo lastimosamente». El armonismo era una *bella, bellísima* y *consoladora* hipótesis... pero le faltaba la base, los hechos...

«¡No había más que hechos por desgracia!».

—Bien, pero ¿y la moral?

¿En virtud de qué principios se le iba a exigir a él en adelante que no se dejara seducir por las patronas y por las señoras casadas?

«Si otra Engracia...», y al pensar esto se le apareció la hermosa imagen de la provocativa adúltera, que le enseñaba los dientes de nieve en una carcajada de sarcasmo. Se burlaba de él, le llamaba necio, porque había rechazado groseramente los favores sabrosos que ella le ofrecía... y resultaba que no había más que hechos, es decir, que tan hecho era el pecado como la abstención, el placer como la penitencia, el vicio como la virtud.

«¡Medrados estamos!», pensaba Zurita, desanimado, corrido, mientras se limpiaba con un pañuelo de hierbas el sudor que le caía por la espaciosa frente...

«Y a todo esto, yo no soy doctor, ni puedo aspirar a una cátedra de Universidad; tendré que contentarme con ser catedrático de instituto, sin ascensos y sin derechos pasivos; es decir, tengo que renunciar a la familia, al amor casto, mi sueño secreto de toda la vida... ¡Oh, si yo cogiese ahora por mi cuenta al pícaro de don Cipriano, que me metió en estos trotes de filosofía armónica...!».

Y la Providencia, o mejor, los hechos, porque Zurita ya no creía en la Providencia (por aquellos días a lo menos), la casualidad en rigor, le puso delante al mismísimo don Cipriano, que volvía de los toros con su familia.

¡Sí, con su familia! Venía vestido de negro, con la levita muy limpia y flamante, y sombrero de copa, que tapaba cuidadosamente con un pañuelo de narices, porque empezaban a caer gotas; lucía además el filósofo gran pechera con botonadura de diamantes, cadena de oro y una cara muy afeitada. Daba gozo verlo. De su brazo derecho venía colgada una señora, que trascendía a calle de Toledo, como de cuarenta años, guapetona, blanca, fina de facciones y grande de cara, que no era de muchos amigos. La filósofa, que debía de ser garbancera o carnicera, ostentaba muchas alhajas de mal gusto, pero muy ricas. Delante del matrimonio una pasiega de azul y oro llevaba como en procesión un enteco infante, macrocéfalo, muy emperifollado con encajes, seda y cintas azules.

En otra ocasión, Zurita no se hubiera atrevido a detener a don Cipriano, que pasaba fingiendo no verle, pero en aquel momento Aquiles tuvo el valor suficiente para estorbar el paso a la pareja rimbombante y saludar al filósofo con cierto aire triste y cargado de amarga ironía. Temblábale la voz al decir:

—Salud, mi querido maestro; ¡cuántos siglos que no nos vemos!

La filósofa, que le comía las sopas en la cabeza a Zurita, le miró con desprecio y sin ocultar el disgusto. Don Cipriano se puso muy colorado, pero disimuló y procuró estar cortés con su antigua víctima de trascendentalismo.

En pocas palabras enteró a Zurita de su nuevo estado y próspera fortuna.

Se había casado, su mujer era hija de un gran maragato de la calle de Segovia, tenían un hijo, a quien habían bautizado porque *había que vivir en el mundo*; él ya no era krausista, ni los había desde que Salmerón estaba en París. El mismo don Nicolás, según cartas que don Cipriano decía tener, iba a hacerse médico positivista.

—Amigo mío —añadió el ex filósofo poniendo una mano sobre el hombro de Zurita—, estábamos equivocados; la investigación de la Esencia del Ser en nosotros mismos es un imposible, un absurdo, cosa inútil; el armonismo es pura *inanidad* (¡dale con la palabreja!, pensaba Zurita), no hay más que hechos. Aquello se acabó; fue bueno para su tiempo; ahora la experimentación... los hechos... Por lo demás, buena corrida la de esta tarde; los toros, como del Duque; el *Gallo*, superior con el trapo, desgraciado con el acero... Rafael, de azul y oro, como el ama, algo tumbón pero inteligente. Y ya sabe usted, si de algo puedo servirle... Duque de Alba, 7, principal derecha...

La hija del maragato saludó a Zurita con una cabezada, sin soltar, es decir, sin sonreír ni hablar; y aquel matrimonio de mensajerías desapareció por la calle de Alcalá arriba, perdiéndose entre el polvo de un derribo...

«Estamos frescos! —se quedó pensando Zurita—. De manera que hasta ese Catón se ha pasado al moro; no hay más que hechos..., don Cipriano es un hecho... y se ha casado con una acémila rica... y hasta tiene hijos... y diamantes en la pechera... Y yo ni soy doctor... ni puedo acaso aspirar a una cátedra de instituto, porque no estoy al tanto de los conocimientos modernos. Sé pensar y procurar vivir con arreglo a lo que me dicta mi conciencia; pero esto ¿qué tiene que ver con los hechos? En unas oposiciones de Psicología, Lógica y Ética, por ejemplo, ¿me van a preguntar si soy hombre de bien? No, por cierto».

Y suspirando añadía:

«Me parece que he equivocado el camino».

En un acceso de ira, ciego por el desencanto, que también deslumbra con sus luces traidoras, quiso arrojarse al crimen... y corrió a casa de doña Engracia, dispuesto a pedirle su amor de rodillas, a declarar y confesar que se había portado como un beduino, porque no sabía entonces que todo eran hechos, y nada más que hechos...

Llegó a la casa de aquella señora. El corazón se le subió a la garganta cuando se vio frente a la portería, que en tanto tiempo no había vuelto a pisar...

—El señor Tal, ¿vive aquí todavía?

—Sí, señor; segundo de la izquierda...

Zurita subió. En el primer piso se detuvo, vaciló... y siguió subiendo.

Y estaba frente a la puerta, el botón dorado del timbre brillaba en su cuadro de encima...

¿Por qué no? No existía lo Absoluto, o por lo menos, no se sabía nada de ello; no había más que hechos; pues para hecho, Engracia, que era tan hermosa...

—Llamo —se dijo en voz alta para animarse.

Y no llamó.

—¿Quién me lo impide? —preguntó a la sombra de la escalera.

Y una voz que le sonó dentro de la cabeza respondió:

—Te lo impide... *el imperativo categórico...* Haz lo que debes, suceda lo que quiera.

Aquiles sacudió la cabeza en señal de dudas.

—No me convenzo —dijo; pero dio media vuelta y a paso lento bajó las escaleras.

En el portal le preguntó la portera...

—¿Han salido? Pues yo creía que la señora estaba...

—Sí —contestó Zurita—, pero está ocupada... está... con el *imperativo categórico...* con un alemán... con el diablo, ¡señora!... ¿A usted qué le importa?

Y salió a la calle medio loco, según se saca del contexto.

V

Aquiles Zurita frisaba con los cuarenta cuando, según el estilo de un periódico de provincia que se dignó dar la noticia, *vio, al fin, coronados sus esfuerzos con el merecido galardón* de una cátedra de Psicología, Lógica y Ética, en el Instituto de Lugarucos, pueblo de pesca, donde un americano pródigo había fundado aquel centro de enseñanza para los hijos de los marineros que quisieran ser pilotos.

Cinco oposiciones había hecho Aquiles antes de *obtener, al fin, el merecido galardón*. Dos veces había aspirado a regentar una clase de Retórica, y tres a una de Psicología. En el primer combate le derrotó un orador florido; en el segundo, un intrigante; en el tercero, el ministro, que no quiso darle la cátedra a pesar de ir Aquiles en el lugar principal de la terna, *por considerarle peligroso para la enseñanza*. El ministro se fundaba en que Zurita había llamado a Dios Ser Supremo en el programa, y así, con letra mayúscula.

Cuando, lleno de canas y arrugas, casi ciego, llegó a firmar la nómina, Aquiles aborrecía ya el oficio mecánico de sabio de Real orden. Aquella ciencia que él había amado tanto sin pensar en el interés, les servía a otros para ganar un mendrugo falsificándola, recortándola y dislocándola, a gusto del que repartía la sopa universitaria.

«Unos cuantos lugares comunes, que se repetían cien y cien veces en los ejercicios, algunas perogrulladas profesadas con pedantería, unos pocos principios impuestos por la ley, predicados con falso entusiasmo, para acreditar *buenas ideas...* esto, y nada más, era la ciencia de las oposiciones».

—¡Dios mío, qué asco da todo esto! —pensaba Zurita, el eterno estudiante, que había nacido para amarlo y admirarlo todo, y que se veía catedrático de cosas que ya no amaba, ni admiraba, ni creía.

«¡Todo extremo, todo insensatez! En los Ateneos, mozalbetes que reniegan de lo que no han estudiado, audaces lampiños que se burlan de la conciencia, de la libertad humana; que manifiestan un rencor personalísimo a Su Divina Majestad, como si fuesen quisquillas de familia... y ante el Gobierno, esos mismos jóvenes, ya creciditos, u otros parecidos, quemando incienso ante la ciencia trasnochada del programa oficial, ¡qué asco, señor, qué asco!

Ni aquello es ciencia todavía, ni esto es ciencia ya, y aquí y allá, ¡con qué valentía se predica todo! Es que los opositores y los ateneístas no son completamente honrados; no lo son... porque aseguran lo que no saben, sostienen lo que no sienten».

Estos monólogos, y otros muchos por el estilo, los recitaba el catedrático de Lugarucos enfrente de las olas, en la playa solitaria, melancólica de arena cenicienta.

Zurita era una de las personas más insignificantes del pueblo; nadie hablaba de él para bien ni para mal. Su cátedra en el instituto era de las que se consideraban como secundarias. El fundador se había empeñado en que se enseñase Psicología, Lógica y Ética, y se enseñaba, pero, ¿para qué? Allí lo principal eran las Matemáticas y la Náutica, la Geografía y la Física después, la Economía mercantil acaso; pero la Psicología, ¿para qué les servía a los muchachos? El director le había advertido a Zurita desde el primer día que en su cátedra no había que apurar mucho a los alumnos que necesitaban el tiempo para estudios técnicos, de más importancia que la filosofía.

Aquiles había bajado la cabeza mientras despedazaba con los dientes un palillo. Estaba conforme, de toda conformidad; los pilotos de Lugarucos no necesitaban para nada absolutamente saber que el alma se dividía en tres facultades, sobre todo considerando que después resultaba que no había tal cosa, ni menos saber que la inteligencia tiene once funciones, cuando no las tiene tal.

—¡Ya me guardaré yo —le decía Aquiles al mar— de enervar el espíritu de esos chicos robustos, morenos, tostados por el sol, ágiles, alegres, valientes, crédulos, ansiosos de aventuras y tierra nueva! Que aprendan a manejar los barcos, y a desafiar las tormentas, y a seguir las corrientes del agua, a conocer las lenguas y las costumbres de los países lejanos; que aprendan a vivir al aire libre, por el ancho mundo... y en cuanto a Psicología, Lógica y Ética basta una salve. ¡Mal haya el afán de saber Psicología y otras invenciones diabólicas que así me tiene a mí de medrado física y socialmente!

Zurita, por cumplir con la ley, explicaba en cátedra el libro de texto, que ni pinchaba ni cortaba; lo explicaba de prisa, y si los chicos no entendían, mejor; si él se embrollaba y hacía oscuro, mejor; de aquello más valía no entender nada. En cuanto hacía buen tiempo y los alumnos querían salir a dar un paseo por mar, ¡ancha Castilla!, se quedaba Zurita solo, recordando sus aventuras filosóficas como si fueran otros tantos remordimientos, y comiéndose las uñas, vicio feo que había adquirido en sus horas de meditación solitaria. Era lo que le quedaba del krausismo de don Cipriano, el morderse las uñas.

En una ocasión exponía Zurita en clase la teoría de las armonías preestablecidas, cuando estalló un cohete en el puerto.

—¡Las *Gemelas*! —gritó en coro la clase.

—¿Qué es eso?

—Que entran las *Gemelas*, el bergantín de los Zaldúas...

Y todos estaban ya en pie, echando mano al sombrero.

—¡Un bergantín en Lugarucos!

La cosa era mucho más importante que la filosofía de Leibniz. Además era un *hecho*...

—¡Vayan ustedes con Dios! —dijo Zurita sonriéndose y encogiendo los hombros. Y quedó solo en el aula.

Y cosas así, muchos días.

La Psicología, la Lógica y la Ética en Lugarucos no tenían importancia de ningún género, y a los futuros héroes del cabotaje les tenía sin cuidado que la volición fuese esto y la razón lo otro y el sentimiento lo de más allá.

Además, ¿qué filosofía había de enseñar a estos robustos hijos de marineros, destinados también a la vida del mar?

—No lo sé —decía a las olas Zurita—. ¿La filosofía moderna, la que pasa por menos fantástica? De ningún modo. Una filosofía que prescinde de lo absoluto... mala para marinos. ¡Que no se sabe nada de lo Absoluto...!, pues ¿y el mar? ¿Dónde habrá cosa más parecida a ese Infinito de que no quieren que se hable?

Quitarles la fe a los que habían de luchar con la tormenta le parecía una crueldad odiosa.

Muchas veces, cuando desde lo alto del muelle veía entrar las lanchas pescadoras que habían sufrido el abordaje de las olas allá fuera, Zurita observaba la cara tostada, seria, tranquila, dulce y triste de los marinos viejos.

Veíalos serenos, callados, tardos para la ira, y se le antojaban sacerdotes de un culto; se le figuraba que allá arriba, tras aquel horizonte en que les había visto horas antes desaparecer, habían sido visitados por la divinidad; que sabían algo, que no querían o no podían decir, de la presencia de lo Absoluto. En el cansancio de aquellos rostros, producido por el afán del remo y la red, la imaginación de Aquiles leía la fatiga de la visión estática...

Por lo demás, él no creía ya ni dejaba de creer.

No sabía a qué carta quedarse. Sólo sabía que, por más que quería ser malo, libertino, hipócrita, vengativo, egoísta, no podía conseguirlo.

¿Quién se lo impedía?

Ya no era el imperativo categórico, en quien no creía tampoco mucho tiempo hacía; era... eran diablos coronados; el caso estaba en que no podía menos de ser bueno.

Sin embargo... ¡tantas veces iba el cántaro a la fuente...!

El cántaro venía a ser su castidad, y la fuente doña Tula, su patrona (¡otra patrona!), hipócrita como Engracia, amiga de su buena fama, pero más amiga del amor. Otra vez se le quería seducir, otra vez su timidez, su horror al libertinaje y al escándalo eran incentivo para una pasión vergonzante. Doña Tula tenía treinta años, había leído novelas de Belot y profesaba la teoría de que la mujer debe conocer el bien y el mal para elegir libremente el bien; si no ¿qué mérito tiene el ser buena?

Ella elegía libremente el mal, pero no quería que se supiera. Su afán de ocultar el pecado era vanidad escolástica. No quería dar la razón a los *reaccionarios*, que no se fían de la mujer instruida y literata. Ella no podía dominar sus fogosas pasiones, pero esto no era más que un caso excepcional, que convenía tener oculto; la regla quedaba en pie: la mujer debe saber de todo para escoger libremente lo bueno.

Doña Tula escogió a Zurita, porque le enamoró su conocimiento de los clásicos y el miedo que tenía a que sus debilidades se supieran.

Gertrudis tenía unos dedos primorosos para la cocina; era, sobre todo, inteligente en pescado frito, y aun la caldereta la comprendía con un instinto que sólo se revela en una verdadera vocación.

Con los mariscos hacía primores. Si se trataba de dejarlos como Dios les crió, con todos sus encantos naturales, sabiendo a los misterios del océano, doña Tula conservaba el aroma de la frescura, el encanto salobre con gracia y coquetería, sin menoscabo de los fueros de la limpieza; pero si le era lícito entregarse a los bordados culinarios del idealismo gastronómico, hacía de unas almejas, de unas ostras, de unos percebes o de unos calamares platos exquisitos, que parecían orgías enteras en un bocado, incentivos y voluptuosos de la pasión más lírica y ardiente... ¿Qué más? El mismo Zurita, entusiasmado cierto día con unos cangrejos que le sirvió doña Gertrudis sonriente, llegó a decir que aquel plato era más tentador que toda la literatura erótica de Ovidio, Tíbulo y Marcial...

¡Cómo había comido, y cómo comía ahora el buen Aquiles!

En esta parte, diga él lo que quiera, le había venido Dios a ver. Sin conocerlo el mismo catedrático de Ética, que a pesar de los desengaños filosóficos se cuidaba poco de la materia grosera, había ido engordando paulatinamente, y aunque seguía siendo pálido y su musculatura la de un adolescente, las pantorrillas se le habían rellenado, y tenía carne en las mejillas y debajo de la barba.

Todo se lo debía a Tula, a la patrona sentimental y despreocupada que ideaba planes satánicos respecto de Aquiles.

Era este el primer huésped a quien había engordado ex profeso la patrona trascendental de Lugarucos.

Tula (Gertrudis Campoarana en el siglo) era toda una señora. Viuda de americanete rico, se había aburrido mucho bajo las tocas de la viudez; su afición a Jorge Sand primero, a Belot después, y siempre al hombre, le había hecho insoportable la soledad de su estado. La compañía de las mujeres la enojaba, y no habiendo modo de procurarse honestamente en Lugarucos el trato continuo del *sexo antagónico*, como ella decía, discurrió (y discurrió con el diablo) fingir que su fortuna había tenido grandes pérdidas y poner casa de pupilos decentes para ayuda de sus rentas.

De este modo consiguió Tula rodearse de hombres, cuidar *ropa masculina*, oler a tabaco, sentir el macho en su casa, suprema necesidad de su existencia.

En cuanto a dejarse enamorar por los pupilos, Tula comprendió que era muy peligroso, porque todos eran demasiado atrevidos, todos querían gozar el dulce privilegio; había celos, rivalidades, y la casa se volvía un infierno. Fue, pues, una Penélope cuyo Ulises no había de volver. Le gritaba la tentación, pero huía de la caída. Coqueteaba con todos los huéspedes, pero no daba su corazón a torcer a ninguno.

Además, el oficio de patrona le fue agradando por sí mismo; a pesar de que era rica, el negocio la sedujo y amó el arte por el arte, es decir, aguó el vino, echó sebo al caldo, galvanizó chuletas y apuró la letra a la carne mechada, como todas las patronas epitelúricas. Era una gran cocinera, pero esotéricamente, es decir, para sus amigos particulares; al vulgo de los pupilos los trataba como las demás patronas que en el mundo han sido.

Mas llegó a Lugarucos Aquiles Zurita, y aquello fue otra cosa. Tula se enamoró del pupilo nuevo por los motivos que van apuntados, y concibió el plan satánico de seducción a que antes se aludía. Poco a poco fue despidiendo a los demás huéspedes, y llegó un día en que Zurita se encontró solo a la mesa. Entonces doña Tula, tímida como una gacela, vestida como una duquesa, le propuso que comieran juntos, porque observaba que estando solo despachaba los platos muy deprisa, y esto era muy malo para el estómago. Aquiles aceptó distraído.

Comieron juntos. Cada comida era un festín. Pocos platos, para que Zurita no se alarmase, pero suculentos y sazonados con pólvora de amor. Tula se convirtió en una Lucrecia Borgia de aperitivos eróticos.

Pero el triste filósofo comía manjares excelentes sin notarlo.

Por las noches daba muchas vueltas en la cama, y también notaba después de cenar un vigor espiritual extraordinario, que le impelía a proyectar grandes hazañas, tal como restaurar él solo, por sí y ante sí el decaído krausismo, o fundar una religión. Lo más peligroso era un sentimentalismo voluptuoso que se apoderaba de él a la hora de la siesta, y al oscurecer, al recorrer los bosques de castaños, las alamedas sembradas de ruiseñores o las playas quejumbrosas.

Doña Tula dejaba hacer, dejar pasar. Creía en la Química.

No se insinuaba demasiado, porque temía la fuga del psicólogo. Se esmeraba en la cocina y se esmeraba en el tocador. Mucha amabilidad, muchas miradas fijas, pero pacíficas, suaves; muchos perfumes en la ropa, mucha mostaza y muchos y muy buenos mariscos... Esta era su política, *su ars amandi*.

Lo cual demuestra que Gertrudis tenía mucho más talento que doña Concha y doña Engracia.

Doña Concha quería seducir a un huésped a quien daba chuletas de caballo fósil... ¡Imposible!

Doña Engracia quemaba con los ojos al maciliento humanista, pero no le convidaba a comer.

Así él pudo resistir con tanto valor las tentaciones de aquellas dos incautas mujeres.

Ahora la batalla era formidable. Cuando Aquiles comprendió que Tula quería lo que habían querido las otras, ya estaba él bastante rollizo y sentía una virilidad de que antes ni aún noticia tenía. La filosofía materialista comenzó a parecerse menos antipática, y en la duda de si había o no algo más que hechos, se consagró al epicureísmo, en latín por supuesto, no en la práctica.

Leyó mucho al amigo de Mecenas, y se enterneció con aquel melancólico consuelo del placer efímero, que es la unción de la poesía horaciana.

Ovidio también se le apareció otra vez con sus triunfos de amor, con sus noches en vela ante la puerta cruel de su amada, con sus celos de los maridos, con aquellos cantos rápidos, ardientes, en que los favores de una noche se pagaron con la inmortalidad de la poesía... Y pensando en Ovidio fue cuando se le ocurrió advertir el gran peligro en que su virtud estaba cerca de doña Gertrudis Campoarana.

Aquella Circe le quería seducir sobre seguro, esclavizándole por la gula. Sí, Tula era muy literata y debía de saber aquello de Nasón.

Aquellos cangrejos, aquellas ostras, aquellas langostas, aquel sauterne, no eran más que la traducción libre del verso de Ovidio:

Et Venus in vinis ignis in igne fuit.

«¡Huyamos, huyamos también ahora! —pensó Aquiles suspirando—. No se diga —le dijo al mar, su confidente— que mi virtud venció cuando tuvo hambre y metafísica, y que sucumbe cuando tiene hartazgo y positivismo. Yo no sé si hay o no hay metafísica, yo no sé cuál es el criterio de la moralidad...; pero sería un cobarde sucumbiendo ahora».

Y aunque algún neófito naturalista pueda acusar al pobre Aquiles de idealismo e inverosimilitud, lo histórico es que Zurita huyó, huyó otra vez: huyó de Tula como había huido de Concha y de Engracia.

Y eso que ahora negaba en redondo el *imperativo categórico*.

La carne, aquel marisco hecho carne, le gritaba dentro: ¡amor, mi derecho!

Pero la Psicología, la Lógica y la Ética, que ya no estimaba siquiera, le gritaban: ¡abstención, virtud, pureza...!

Y el eterno José mudó de posada.

VI

Aquiles salió de las redes de Tula con una pasión invencible: la pasión por el pescado, y especialmente por los mariscos.

Aunque algo se había enamorado de la patrona, al cabo de algunos meses consiguió olvidarla. Pero el regalo de su mesa para toda la vida se le había pegado al alma. ¡Como había comido allí no volvería a comer en la vida! Esta desconsoladora convicción le acompañó hasta el sepulcro.

Y con el mismo fervor con que en mejores tiempos se había consagrado a la contemplación del Ser en sí dentro del *yo* antes del límite, etc., se consagró a buscar en mercados y plazas el mejor pescado.

Él, que había sido un hombre insignificante mientras no fue más que catedrático de Psicología, Lógica y Ética, comenzó a llamar la atención de Lugarucos por su pericia en materia de culinaria ictiológica.

Meditó mucho y acabó por adivinar qué peces debían entrar y cuáles no en una caldereta clásica, y qué ingredientes debían sazonarla.

Pronto fueron célebres en todo el partido judicial las calderetas del catedrático de Psicología.

Cuando en la playa o en el mercado se discutía si un besugo, un bonito o una merluza estaban frescos o no, se nombraba árbitro al señor Zurita si pasaba por allí.

Y él, sonriente, con aquel gesto humilde que conservaba a pesar de su gloria y de sus buenas carnes, después de mirar y oler la pieza decía:

—¡Fresco!, o ¡apesta!

Y a nadie se le ocurría apelar.

Cuando los señores catedráticos tenían merienda, que era a menudo, Aquiles era votado por unanimidad presidente de la comisión organizadora... y presidía el banquete y era el primero en ponerse alegre.

Sí, había acabado por tomar una borrachera en cada festín. *¡Ergo bibamus!*, decía recordando que era hijo de un dómine.

Y en el seno de la confianza, decía en tales momentos de expansión al que le quería oír:

—¡Huí de la sirena, pero no puedo olvidar los primores de su cocina! ¡Podré volver a amar como entonces, pero no volveré a comer de aquella manera!

Y caía en profunda melancolía.

Todos sus compañeros sabían ya de memoria los temas constantes de las borracheras de Aquiles: Tula, el marisco, la Filosofía..., todo mezclado.

Mientras estaba en su sano juicio nunca hablaba ya de filosofía, ni tal vez pensaba en ella. En cátedra explicaba como una máquina la Psicología oficial, la de texto, pero nada más; le parecía hasta mala educación mentar las cuestiones metafísicas.

Pero en *alegrándose* era otra cosa, pedía la palabra, se ponía sobre la mesa hollando los manteles, y suplicaba con lágrimas en los ojos a todos aquellos borrachos que salvasen la ciencia, que procurasen la santa armonía, porque él, en el fondo de su alma, siempre había suspirado por la armonía del análisis y de la síntesis, de Tula y la virtud, de la fe y la razón, del krausismo y los médicos del Ateneo...

—¡Señores, señores: salvemos la raza humana que se pierde por el orgullo! —exclamaba, llorando todo el vino que había bebido, puestas las manos en cruz—. Se os ha dicho *¡nihil mirari!*, no maravillarse de nada; pues yo os digo, en verdad: admiradlo todo, creedlo todo, todo es verdad, todo es uno y lo mismo... ¡Ah, queridos hermanos, en estos instantes de lucidez, de inspiración por el amor, yo veo la verdad una, yo veo dentro de mí la esencia de todo ser; yo me veo como siendo uno con el todo, sin dejar de ser este...

—¡Este borracho, este grandísimo borracho! —interrumpía el catedrático de Agricultura, gran positivista y no menos ebrio. Y cogiendo por las piernas al de Psicología le paseaba en triunfo alrededor de la mesa, mientras Aquiles seguía gritando:

—¡Todo está en todo y el *quid* es amarlo todo por serlo, no por conocerlo...! Yo amo a Tula en lo absoluto, y la amo por *serla* no por conocerla...

El de Agricultura daba con la carga en tierra, y Aquiles interrumpía sus reminiscencias de filósofo idealista para dormir debajo de la mesa la borrachera de los justos.

Y entonces, como si se tratase de un juicio de los muertos en Egipto, empezaban ante el *cuerpo* de Aquiles los comentarios y censuras de los amigos:

—¡Qué pesado se pone cuando le da por su filosofía!

—Bien; pero únicamente habla de eso cuando se emborracha.

—¡No faltaba más!

—Y lo cierto es que no se puede prescindir de él.

—¡Imposible! Es el *Brillat-Savarin* del mar.

—¡Qué manos!

—¡Qué olfato!

—¡Qué tacto!

—¡Qué instinto culinario!

—Debía escribir un libro de cocina marítima.

—Teme el qué dirán. Al fin es catedrático de Filosofía.

VII

Ya hace años que murió Zurita, y en Lugarucos cada vez que se trata de comer pescado, nunca falta quien diga:

—¿Se acuerda usted de las calderetas de aquel catedrático de Psicología y Lógica?

—¡Ah, Zurita!

—¡El gran Zurita!

Y a todos se les hace la boca agua.

Cambiar de luz

A los cuarenta años era don Jorge Arial, para los que le trataban de cerca, el hombre más feliz de cuantos saben contentarse con una *acerada* medianía y con la paz en el trabajo y en el amor de los suyos; y además era uno de los mortales más activos y que mejor saben estirar las horas, llenándolas de sustancia, de útiles quehaceres. Pero de esto último sabían, no sólo sus amigos, sino la gran multitud de sus lectores y admiradores y discípulos. Del mucho trabajar, que veían todos, no cabía duda; mas de aquella dicha que los íntimos leían en su rostro y observando su carácter y su vida, tenía don Jorge algo que decir para sus adentros, sólo para sus adentros, si bien no negaba él, y hubiera tenido a impiedad inmoralísima el negarlo, que todas las cosas perecederas le sonreían, y que el nido amoroso que en el mundo había sabido construirse, no sin grandes esfuerzos de cuerpo y alma, era que ni pintado para su modo de ser.

Las grandezas que no tenía, no las ambicionaba, ni soñaba con ellas, y hasta cuando en sus escritos tenía que figurárselas para describirlas, le costaba gran esfuerzo imaginarlas y *sentirlas*. Las pequeñas y disculpables vanidades a que su espíritu se rendía, como verbigracia, la no escasa estimación en que tenía el aprecio de los doctos y de los buenos, y hasta la admiración y simpatía de los ignorantes y sencillos, veíalas satisfechas, pues era su nombre famoso, con sólida fama, y popular; de suerte que esta popularidad que le aseguraba el renombre entre los muchos, no le perjudicaba en la estimación de los escogidos. Y por fin, su dicha grande, seria, era una casa, su mujer, sus hijos; tres cabezas rubias, y él decía también, tres almas *rubias, doradas, mi lira*, como los llamaba al pasar la mano por aquellas frentes blancas, altas, despejadas, que destellaban la idea noble que sirve ante todo para ensanchar el horizonte del amor.

Aquella esposa y aquellos hijos, una pareja; la madre hermosa, que parecía hermana de la hija, que era un botón de oro de quince abriles, y el hijo de doce años, remedo varonil y gracioso de su madre y de su hermana, y esta, la *dominante*, como él decía, parecían, en efecto, estrofa, antiestrofa y épodo de un himno perenne de dicha en la virtud, en la gracia, en la inocencia y la sencilla y noble sinceridad. «Todos sois mis hijos, pensaba don Jorge, incluyendo a su mujer; todos nacisteis de la espuma de mis ensueños». Pero eran ensueños con dientes, y que apretaban de firme, porque como todos eran jóvenes, estaban sanos y no tenían remordimientos ni disgustos que robaran el apetito, comían que devoraban, sin llegar a glotones, pero pasando con mucho de ascetas. Y como no vivían sólo de pan, en vestirlos como convenía a su clase y a su hermosura, que es otra clase, y al cariño que el amo de la casa les tenía, se iba otro buen pico, sobre todo en los trajes de la *dominante*. Y mucho más que en cubrir y adornar el cuerpo de su gente gastaba el padre en vestir la desnudez de su cerebro y en adornar su espíritu con la instrucción y la educación más esmeradas que podía; y como este es artículo de lujo entre nosotros, en maestros, instrumentos de instrucción y otros accesorios de la enseñanza de su pareja, se le iba a don Jorge una gran parte de su salario, y otra no menos importante de su tiempo, pues él dirigía todo aquel negocio tan grave, siendo el principal maestro y el único que no cobraba. No crea el lector que apunta aquí el *pero* de la dicha de don Jorge; no estaba en las dificultades económicas la espina que guardaba para sus adentros Arial, siempre apacible. Costábale, sí, muchos sudores juntar los cabos del presupuesto doméstico; pero conseguía triunfar siempre, gracias a su mucho trabajo, el cual era para él una sagrada obligación, además, por otros conceptos más filosóficos y altruistas, aunque no más santos, que el amor de los suyos.

Muchas eran sus ocupaciones, y en todas se distinguía por la inteligencia, el arte, la asiduidad y el esmero. Siguiendo una vocación, había llegado a cultivar muchos estudios, porque ahondando en cualquier cosa se llega a los demás. Había empezado por enamorarse de la belleza que entra por los ojos, y esta vocación, que le hizo pintor en un principio, le obligó después a ser naturalista, químico, fisiólogo; y de esta excursión a las profundidades de la realidad física sacó en limpio, ante todo, una especie de religión de la *verdad plástica*, que le hizo entregarse a la filosofía... y abandonar los pinceles. No se sintió gran maestro, no vio en sí un intérprete de esas dos grandes formas de la belleza que se llaman *idealismo y realismo*, no se encontró con las fuerzas de Rafael ni de Velázquez, y, suavemente, y sin dolores del amor propio, se fue transformando en un pensador y en amador del arte; y fue un sabio en estética, un crítico de pintura, un profesor insigne; y después de un artista de la pluma, un historiador del arte con el arte de un novelista. Y de todas estas habilidades y maestrías a que le había ido llevando la sinceridad con que seguía las voces de su vocación verdadera, los instintos de sus facultades, fue sacando sin violencia ni *simonía* provecho para la hacienda, cosa tan poética como la que más al mirarla como el medio necesario para tener en casa aquella dicha que tenía, aquellos amores, que, sólo en botas, le gastaban un dineral.

Al verle ir y venir, y encerrarse para trabajar, y después correr con el producto de sus encerronas a casa de quien había de pagárselo; siempre activo, siempre afable, siempre lleno de la realidad ambiente, de la vida que se le imponía con toda su seriedad, pero no tristeza, nadie, y menos sus amigos y su mujer y sus hijos, hubiera adivinado detrás de aquella mirada franca, serena, cariñosa, una pena, una llaga.

Pero la había. Y no se podía hablar de ella. Primero, porque era un deber guardar aquel dolor para sí; después, porque hubiera sido inútil quejarse; sus familiares no le hubieran comprendido, y más valía así.

Cuando en presencia de don Jorge se hablaba de los incrédulos, de los escépticos, de los poetas que *cantan* sus dudas, que se quejan de la musa del *análisis*. Arial se ponía de mal humor, y, cosa rara en él, se irritaba. Había que cambiar de conversación o se marchaba don Jorge. «Esos, decía, son males secretos que no tienen gracia, y en cambio entristecen a los demás y pueden contagiarse. El que no tenga fe, el que dude, el que vacile, que se aguante y calle y luche por vencer esa flaqueza. Una vez, repetía Arial en tales casos, un discípulo de san Francisco mostraba su tristeza delante del maestro, tristeza que nacía de sus escrúpulos de conciencia, del miedo de haber ofendido a Dios; y el santo le dijo: «Retiraos, hermano, y no turbéis la alegría de los demás; eso que os pasa son cuentas vuestras y de Dios: arregladlas con Él a solas».

A solas procuraba arreglar sus cuentas don Jorge, pero no le salían bien siempre, y esta era su pena. Sus estudios filosóficos, sus meditaciones y sus experimentos y observaciones de fisiología, de anatomía, de química, etc., etc., habían desenvuelto en él, de modo excesivo, el espíritu del análisis empírico; aquel enamoramiento de la belleza plástica, aparente, visible y palpable, le había llevado, sin sentirlo, a cierto materialismo intelectual, contra el que tenía que vivir prevenido. Su corazón necesitaba fe, y la clase de filosofía y de ciencia que había profundizado le llevaban al dogma materialista de *ver* y *creer*. Las ideas predominantes en su tiempo entre los sabios cuyas obras él más tenía que estudiar; la índole de sus investigaciones de naturalista y fisiólogo y crítico de artes plásticas, le habían llevado a una predisposición reflexiva que pugnaba con los anhelos más íntimos de su sensibilidad de creyente.

Don Jorge sentía así: «Si hay Dios, todo está bien. Si no hay Dios, todo está mal. Mi mujer, mi hijo, la *dominante*, la paz de mi casa, la belleza del mundo, el *divino* placer de entenderla, la tranquilidad de la conciencia... todo eso, los mayores tesoros de la vida, si no hay Dios, es polvo, humo, ceniza, viento, nada... Pura apariencia, congruencia ilusoria, sustancia fingida; positiva sombra, dolor sin causa, pero seguro, lo único cierto. Pero si hay Dios, ¿qué importan todos los males? Trabajos, luchas, desgracias, desengaños, vejez, desilusión, muerte, ¿qué importan? Si hay Dios, todo está bien, si no hay Dios, todo está mal».

Y el amor de Dios era el vapor de aquella máquina siempre activa; el amor de Dios, que envolvía, como los pétalos encierran los estambres, el amor a sus hijos, a su mujer, a la belleza, a la conciencia tranquila, le animaba en el trabajo incesante, en aquella suave asimilación de la vida ambiente, en la adaptación a todas las cosas que le rodeaban y por cuya realidad seria, evidente, se dejaba influir.

Pero a lo mejor, en el cerebro de aquel místico vergonzante, místico activo y alegre, estallaba, como una *estúpida* frase hecha, esta duda, esta pregunta del materialismo lógico de su ciencia de analista empírico:

«¿Y si no hay Dios? Puede que no haya Dios. Nadie ha visto a Dios. La ciencia de los *hechos* no prueba a Dios...».

Don Jorge Arial despreciaba al pobre diablo *científico, positivista*, que en el fondo de su cerebro se le presentaba con este *obstruccionismo*; pero a pesar de este desprecio, oía al miserable, y discutía con él, y unas veces tenía algo que contestarle, aun en el terreno de la *fría lógica*, de la mera *intelectualidad*... y otras veces no.

Esta era la pena, este el tormento del señor Arial.

Es claro que gritase lo que gritase el materialista excéptico, el que ponía a Dios en tela de juicio, don Jorge seguía trabajando de firme, afanándose por el pan de sus hijos y educándolos, y amando a toda su casa y cumpliendo como un justo con la infinidad de sus deberes...; pero la espina dentro estaba. «Porque, si no hubiera Dios, decía el corazón, todo aquello era inútil, apariencia, idolatría, y el *científico* añadía: ¡Y como puede no haberlo!...».

Todo esto había que callarlo, porque hasta ridículo hubiera parecido a muchos, confesado como un dolor cierto, serio, grande. «Cuestión de nervios» le hubieran dicho. «Ociosidad de un hombre feliz a quien Dios va a castigar por darse un tormento inútil cuando todo le sonríe». Y en cuanto a los *suyos*, a quienes más hubiera don Jorge querido comunicar su pena, ¡cómo confesarles la causa! Si no le comprendían ¡qué tristeza! Si le comprendían... ¡qué tristeza y qué pecado y qué peligro! Antes morir de aquel dolor. A pesar de ser tan activo, de tener tantas ocupaciones, le quedaba tiempo para consagrar la mitad de las horas que no dormía a pensar en su duda, a discutir consigo mismo. Ante el mundo su existencia corría con la monotonía de un destino feliz; para sus adentros su vida era una serie de batallas; ¡días de triunfo! —¡oh, qué voluptuosidad espiritual entonces!— seguidos de horrorosos días de derrota, en que había que fingir la ecuanimidad de siempre, y amar lo mismo, y hacer lo mismo y cumplir los mismos deberes.

Para la mujer, los hijos y los amigos y discípulos queridos de don Jorge, aquel dolor oculto llegó a no ser un misterio, no porque adivinaran su causa, sino porque empezaron a sentir sus efectos; le sorprendían a veces preocupado sin motivo conocido, triste; y hasta en el rostro y en cierto desmayo de todo el cuerpo vieron síntomas del disgusto, del dolor evidente. Le buscaron causa y no dieron con ella. Se equivocaron al atribuirla al temor de un mal *positivo*, a una aprensión, no desprovista de fundamento por completo. Lo peor era que el miedo de un mal, tal vez remoto, tal vez incierto, pero terrible si llegaba, también les iba invadiendo a ellos, a la noble esposa sobre todo, y no era extraño que la aprensión que ellos tenían quisieran verla en las tristezas misteriosas de don Jorge.

Nadie hablaba de ello, pero llegó tiempo en que apenas se pensaba en otra cosa; todos los *silencios* de las animadas cháncharas en aquel nido de alegrías, aludían al temor de una desgracia, temor cuya presencia ocultaban todos como si fuese una vergüenza.

Era el caso que el trabajo excesivo, el abuso de las vigilias, el constante empleo de los ojos en lecturas nocturnas, en investigaciones de documentos de intrincados caracteres y en observaciones de menudísimos pormenores de laboratorio, y acaso más que nada, la gran excitación nerviosa, habían debilitado la vista del sabio, miope antes, y ahora incapaz de distinguir bien lo cercano... sin el consuelo de haberse convertido en águila para lo distante. En suma; no veía bien ni de cerca ni de lejos. Las jaquecas frecuentes que padecía le causaban perturbaciones extrañas en la visión: dejaba de ver los objetos con la intensidad ordinaria; los veía y no los veía, y tenía que cerrar los ojos para no padecer el tormento inexplicable de esta parálisis pasajera, cuyos fenómenos subjetivos no podía siquiera puntualizar a los médicos. Otras veces veía manchas ante los objetos, manchas móviles; en ocasiones puntos de color, azules, rojos... muy a menudo, al despertar especialmente, lo veía todo tembloroso y como desmenuzado... Padecía bastante, pero no hizo caso: no era aquello lo que le preocupaba a él.

Pero a la familia, sí. Y hubo consulta, y los pronósticos no fueron muy tranquilizadores. Como fue agravándose el mal, el mismo don Jorge tomó en serio la enfermedad y, en secreto, como habían consultado por él, consultó a su vez, y la ciencia le metió miedo para que se cuidara y evitase el trabajo nocturno y otros excesos. Arial obedeció a medias y se asustó a medias también.

Con aquella nueva vida a que le obligaron sus precauciones higiénicas, coincidió en él un paulatino cambio del espíritu que sentía venir con hondo y oscuro deleite. Notó que perdía afición al análisis del laboratorio, a las preciosidades de la miniatura en el arte, a las delicias del pormenor en la crítica, a la claridad plástica en la literatura y en la filosofía: el arte del dibujo y del color le llamaba menos la atención que antes; no gozaba ya tanto en presencia de los cuadros célebres. Era cada día menos activo y más soñador. Se sorprendía a veces holgando, pasando las horas muertas sin examinar nada, sin estudiar cosa alguna concreta; y, sin embargo, no le acusaba la conciencia con el doloroso vacío que siempre nos delata la ociosidad verdadera. Sentía que el tiempo de aquellas vagas meditaciones no era perdido.

Una noche, oyendo a un famoso sexteto de ínclitos profesores interpretar las piezas más selectas del repertorio clásico, sintió con delicia y orgullo que a él le había nacido algo en el alma para comprender y amar la gran música. La sonata de Kreutzer, que siempre había oído alabar sin penetrar su mérito como era debido, le produjo tal efecto, que temió haberse vuelto loco; aquel hablar sin palabras de la música serena, graciosa, profunda, casta, seria, sencilla, noble; aquella revelación, que parecía extranatural, de las afinidades armónicas de las cosas, por el lenguaje de las vibraciones íntimas; aquella elocuencia sin conceptos del sonido sabio y sentimental, le pusieron en un estado místico que él comparaba al que debió experimentar Moisés ante la zarza ardiendo.

Vino después un oratorio de Händel a poner el sello religioso más determinado y más tierno a las impresiones anteriores. Un profundísimo sentimiento de humildad le inundó el alma; notó humedad de lágrimas bajo los párpados y escondió de las miradas profanas aquel tesoro de su misteriosa religiosidad estética, que tan pobre hubiera sido como argumento en cualquier discusión lógica y que ante su corazón tenía la voz de lo inefable.

En adelante buscó la música por la música, y cuando esta era buena y la ocasión propicia, siempre obtuvo análogo resultado. Su hijo era un pianista algo mejor que mediano; empezó Arial a fijarse en ello, y venciendo la vulgaridad de encontrar detestable la música de las teclas, adquirió la fe de la música buena en malas manos; es decir, creyó que en poder de un pianista regular suena bien una gran música. Gozó oyendo a su hijo las obras de los maestros. Como sus ratos de ocio iban siendo cada día mayores, porque los médicos le obligaban a dejar en reposo la vista horas y horas, sobre todo de noche, don Jorge, que no sabía estar sin ocupaciones, discurrió, o mejor, fue haciéndolo sin pensarlo, sin darse cuenta de ello, tentar él mismo fortuna, dejando resbalar los dedos sobre las teclas. Para aprender música como Dios manda era tarde; además, leer en el pentagrama hubiese sido cansar la vista como con cualquiera otra lectura. Se acordó de que en cierto café de Zaragoza había visto a un ciego tocar el piano primorosamente. Arial, cuando nadie le veía, de noche, a oscuras, se sentaba delante del Erard de su hijo, y cerrando los ojos, para que las tinieblas fuesen absolutas, por instinto, como él decía, tocaba a su manera melodías sencillas, mitad reminiscencias de óperas y de sonatas, mitad invención suya. La mano izquierda le daba mucho que hacer y no obedecía al instinto del ciego voluntario; pero la derecha, como no exigieran de ella grandes prodigios, no se portaba mal. *Mi música* llamaba Arial a aquellos conciertos solitarios, música *subjetiva* que no podía ser agradable más que para él, que soñaba llorando dulcemente a solas, mientras su fantasía y su corazón seguían la corriente y el ritmo de aquella melodía suave, noble, humilde, seria y sentimental en su pobreza.

A veces tropezaban sus dedos, como con un tesoro, con frases breves, pero intensas, que recordaban, sin imitarlos, motivos de Mozart y otros maestros. Don Jorge experimentaba un pueril orgullo, del que se reía después, no con toda sinceridad. Y a veces, al sorprenderse con estas pretensiones de músico que no sabe música, se decía: «Temen que me vuelva ciego, y lo que voy a volverme es loco». A tanto llegaba esta que él sospechaba locura, que en muchas ocasiones, mientras tocaba y en su cerebro seguía batallando con el tormento metafísico de sus dudas, de repente una melodía nueva, misteriosa, le parecía una revelación, una voz de lo *explicable* que le pedía llorando interpretación, traducción lógica, literaria... si no hubiera Dios, pensaba entonces Arial, estas combinaciones de sonidos no me dirían esto; no habría este rumor como de fuente escondida bajo hierba, que me revela la frescura del ideal que puede apagar mi sed. Un pesimista ha dicho que la música habla de un mundo que *debía* existir; yo digo que nos habla de un mundo que *debe de* existir.

Muchas veces hacía que su hija le leyera las lucubraciones en que Wagner defendió sus sistemas, y les encontraba un sentido muy profundo que no había visto cuando, años atrás, las leía con la preocupación de crítico de estética que ama la claridad plástica y aborrece el misterio nebuloso y los tanteos místicos.

En tanto, el mal crecía, a pesar de haber disminuido el trabajo de los ojos: la desgracia temida se acercaba. Él no quería mirar aquel abismo de la noche eterna, anticipación de los abismos de ultratumba.

«Quedarse ciego, se decía, es como ser enterrado en vida».

Una noche, la pasión del trabajo, la exaltación de la fantasía creadora pudo en él más que la prudencia, y a hurtadillas de su mujer y de sus hijos escribió horas y horas a la luz de un quinqué. Era el asunto de invención poética, pero de fondo religioso, metafísico; el cerebro vibraba con impulso increíble; la máquina, a todo vapor, movía las cien mil ruedas y correas de aquella fábrica misteriosa, y ya no era empresa fácil apagar los hornos, contener el vertido de las ideas. Como tantas otras noches de sus mejores tiempos, don Jorge se acostó... sin dejar de trabajar, trabajando para el obispo, como él decía cuando, después de dejar la pluma y renunciar al provecho de sus ideas, estas seguían gritando, engranándose, produciendo pensamiento que se perdía, que se esparcía inútilmente por el mundo. Ya sabía él que este tormento febril era peligroso, y ni siquiera le halagaba la vanidad como en los días de la petulante juventud. No era más que un dolor material, como el de muelas. Sin embargo, cuando al calor de las sábanas la excitación nerviosa, sin calmarse, se hizo placentera, se dejó embriagar, como en una orgía, de corazón y cabeza, y sintiéndose arrebatado como a una vorágine mística, se dejó ir, y con delicia se vio sumido en un paraíso subterráneo luminoso, pero con una especie de luz eléctrica, no luz del sol, que no había, sino de las entrañas de cada casa, luz que se confundía disparatadamente con las vibraciones musicales: el timbre sonoro era, además, la luz.

Aquella luz prendió en el espíritu; se sintió iluminado y no tuvo esta vez miedo a la locura. Con calma, con lógica, con profunda intuición, sintió filosofar a su cerebro y atacar de frente los más formidables fuertes de la ciencia atea; vio entonces la realidad de lo divino, no con evidencia matemática, que bien sabía él que esta era relativa y condicional y precaria, sino con evidencia *esencial*; vio la verdad de Dios, el creador santo del Universo, sin contradicción posible. Una voz de convicción le gritaba que no era aquello fenómeno histérico, arranque místico; y don Jorge, por la primera vez después de muchos años, sintió el impulso de orar como un creyente, de adorar con el cuerpo también, y se incorporó en su lecho, y al notar que las lágrimas ardientes, grandes, pausadas, resbalaban por su rostro, las dejó ir, sin vergüenza, humilde y feliz, ¡oh! sí, feliz para siempre. «Puesto que había Dios, todo estaba bien».

Un reloj dio la hora. Ya debía de ser de día. Miró hacia la ventana. Por las rendijas no entraba luz. Dio un salto, saliendo del lecho, abrió un postigo y... el sol había abandonado a la aurora, no la seguía; el alba era noche. Ni sol ni estrellas. El reloj repitió la hora. El sol *debía* estar sobre el horizonte y no estaba. El cielo se había caído al abismo. «¡Estoy ciego!», pensó Arial, mientras un sudor terrible le inundaba el cuerpo y un escalofrío, azotándole la piel, le absorbía el ánimo y el sentido. Lleno de pavor, cayó al suelo.

Cuando volvió en sí, se sintió en su lecho. Le rodeaban su mujer, sus hijos, su médico. No los veía; no veía nada. Faltaba el tormento mayor; tendría que decirles: no veo. Pero ya tenía valor para todo. «*Seguía* habiendo Dios, y todo estaba bien». Antes que la pena que contar su desgracia a los suyos, sintió la ternura infinita de la piedad cierta, segura, tranquila, sosegada, agradecida. Lloró sin duelo.

«Salid sin duelo, lágrimas, corriendo».

Tuvo serenidad para pensar, dando al verso de Garcilaso un sentido sublime.

«¿Cómo decirles que no veo... si en rigor sí veo? Veo de otra manera: veo las cosas por dentro; veo la verdad; veo el amor. Ellos sí que no me verán a mí...».

Hubo llantos, gritos, síncopes, abrazos locos, desesperación sin fin cuando, a fuerza de rodeos, Arial declaró su estado. Él procuraba tranquilizarlos con consuelos vulgares, con esperanzas de sanar, con el valor y la resignación que tenía, etc., etc.; pero no podía comunicarles la fe en su propia alegría, en su propia serenidad íntimas. No le entenderían, no podían entenderlo; creerían que los engañaba para mitigar su pena. Además, no podía, delante de extraños, hacer el papel de estoico, ni de Sócrates o cosa por el estilo. Más valía dejar al tiempo el trabajo de persuadir a las *tres cuerdas de la lira*, a aquella madre, a aquellos hijos, de que el amo de la casa no padecería tanto como ellos pensaban por haber perdido la luz; porque había descubierto otra. Ahora veía por dentro.

Pasó el tiempo, en efecto, que es el lazarillo de ciegos y de linces, y va delante de todos abriéndoles camino.

En la casa de Arial había sucedido a la antigua alegría el terror, el espanto de aquella desgracia, dolor sin más consuelo que el no ser desesperado, porque los médicos dejaron vislumbrar la lejana posibilidad de devolver la vista al pobre ciego. Más adelante la esperanza se fue desvaneciendo con el agudo padecer del infortunio todavía nuevo; y todo aquel sentir insoportable, de excitación continua, se trocó para la mujer y los hijos de don Jorge en taciturna melancolía, en resignación triste: el hábito hizo tolerable la desgracia; el tiempo, al mitigar la pena, mató el consuelo de la esperanza. Ya nadie esperaba en que volviera la luz a los ojos de Arial, pero todos fueron comprendiendo que podían seguir viviendo en aquel estado. Verdad es que más que el desgaste del dolor por el roce de las horas, pudo en tal lenitivo la convicción que fueron adquiriendo aquellos pedazos del alma del enfermo de que este había descubierto, al perder la luz, mundos interiores en que había consuelos grandes, paz, hasta alegrías.

Por santo que fuera el esposo adorado, el padre amabilísimo, no podría fingir continuamente y cada vez con más arte la calma dulce con que había acogido su desventura. Poco a poco llegó a persuadirlos de que él seguía siendo feliz, aunque de otro modo que antes.

Los gastos de la casa hubo que reducirlos mucho, porque la mina del trabajo, si no se agotó, perdió muchos de sus filones. Arial siguió publicando artículos y hasta libros, porque su hija escribía por él, al dictado, y su hijo leía, buscaba datos en las bibliotecas y archivos.

Pero las obras del insigne crítico de estética pictórica, de historia artística, fueron tomando otro rumbo: se referían a asuntos en que intervenían poco los testimonios de la vista.

Los trabajos iban teniendo menos color y más alma. Es claro que, a pesar de tales expedientes, Arial ganaba mucho menos. Pero, ¿y qué? La vida exigía ahora mucho menos también; no por economía sólo, sino principalmente por pena, por amor al ciego, madre e hijos se despidieron de teatros, bailes, paseos, excursiones, lujo de ropa y muebles; ¿para qué? ¡*Él* no había de verlo! Además, el mayor gasto de la casa, la educación de la querida pareja, ya estaba hecho; sabían lo suficiente, sobraban ya los maestros.

En adelante, amarse, juntarse alrededor del hogar y alrededor del cariño, cerca del ciego, cerca del fuego. Hacían una piña en que Arial pensaba por todos y los demás veían por él. Para no olvidarse de las formas y colores del mundo, que tenía grabado en la imaginación como un infinito museo, don Jorge pedía noticias de continuo a su mujer y a sus hijos: ante todo de ellos mismos, de los cabellos de la *dominante*, del bozo que le había apuntado al chico..., de la primera cana de la madre. Después noticias del cielo, de los celajes, de los verdores de la primavera... «¡Oh! después de todo, siempre es lo mismo. ¡Como si lo viera!».

«Compadeced a los ciegos de nacimiento, pero a mí no. La luz del sol no se olvida: el color de la rosa es como el recuerdo de unos amores; su perfume me lo hace ver, como una caricia de la *dominante* me habla de las miradas primeras con que me enamoró su madre. Y ¡sobre todo, está ahí la música!».

Y don Jorge, a tientas, se dirigía al piano, y como cuando tocaba a oscuras, cerrando los ojos de noche, tocaba ahora, sin cerrarlos, al mediodía... Ya no se reían los hijos y la madre de las melodías que improvisaba el padre: también a ellos se les figuraba que querían decir algo, muy oscuramente... para él, para don Jorge, eran bien claras, más que nunca; eran todo un himnario de la fe inenarrable que él había creado para sus adentros; su religión de ciego; eran una dogmática en solfa, una teología en dos o tres octavas.

Don Jorge hubiera querido, para intimar más, mucho más, con los suyos, ya que ellos nunca se separaban de él, no separarse él jamás de ellos con el pensamiento, y para esto iniciarlos en sus ideas, en su dulcísima creencia...; pero un rubor singular se lo impedía. Hablar con su hija

y con su mujer de las cosas misteriosas de la otra vida, de
lo metafísico y fundamental le daba vergüenza y miedo.
No podrían entenderle. La educación, en nuestro país
particularmente, hace que los más unidos por el amor es-
tén muy distantes entre sí en lo más espiritual y más grave. Además, la fe racional y trabajada por el alma pensa-
dora y tierna —¡es cosa tan personal, tan inefable!—.
Prefería entenderse con los suyos por música. ¡Oh, de
esta suerte, sí! Beethoven, Mozart, Händel, hablaban a
todos cuatro de lo mismo. Les decían, bien claro estaba,
que el pobre ciego tenía dentro del alma otra luz, luz de
esperanza, luz de amor, de santo respeto al misterio sa-
grado... La poesía no tiene, dentro ni fuera, fondo ni superficie; toda es transparencia, luz increada y que pe-
netra al través de todo...; la luz material se queda en la
superficie, como la explicación intelectual, lógica, de las
realidades resbala sobre los objetos sin comunicarnos su
esencia...

Pero la música que todas estas cosas decía a todos, según Arial, no era la suya, sino la que tocaba su hijo. El
cual se sentaba al piano y pedía a Dios inspiración para
llevar al alma del padre la alegría mística con el beleño de
las notas sublimes; Arial, en una silla baja, se colocaba
cerca del músico para poder palparle disimuladamente
de cuando en cuando: al lado de Arial, tocándole con las
rodillas, había de estar su compañera de luz y sombra, de
dicha y de dolor, de vida y muerte..., y más cerca que todos, casi sentada sobre el regazo, tenía a la *dominante*...;
y de tarde en tarde, cuando el amor se lo pedía, cuando
el ansia de vivir, comunicándose con todo de todas maneras, le hacía sentir la nostalgia de la visión, de la luz física, del *verbo solar*..., cogía entre las manos la cabeza de
su hija, se acariciaba con ellas las mejillas... y la seda ru-

bia, suave, de aquella flor con ideas en el cáliz, le metía en el alma con su contacto todos los rayos de sol que no había de ver ya en la vida... ¡Oh! En su espíritu, sólo Dios entraba más adentro.

La conversión
de Chiripa

Llovía a cántaros, y un viento furioso, que Chiripa no sabía que se llamaba el Austro, barría el mundo, implacable; despojaba de transeúntes las calles como una carga de caballería, y torciendo los chorros que caían de las nubes, los convertía en látigos que azotaban oblicuos. Ni en los porches ni en los portalones valía guarecerse, porque el viento y el agua los invadían; cada mochuelo se iba a su olivo; se cerraban puertas con estrépito: poco a poco se apagaban los ruidos de la ciudad industriosa, y los elementos desencadenados campaban por sus respetos, como ejército que hubiera tomado la plaza por asalto. Chiripa, a quien había sorprendido la tormenta en el Gran Parque, tendido en un banco de madera, se había refugiado primero bajo la copa de un castaño de Indias, y en efecto, se había mojado ya las dos veces de que habla el refrán; después había subido a la plataforma del quiosco de la música, pero bien pronto le arrojó de allí a latigazo limpio el agua pérfida que se agachaba para azotarle de lado, con las frías punzadas de sus culebras cristalinas. Parecía besarle con lascivia la carne pálida que asomaba aquí y allí entre los remiendos del traje, que se caía a pedazos. El sombrero, duro y viejo, de forma de queso, de un color que hacía dudar si los sombreros podían tener bilis, porque de negro había venido a dar en amarillento, como si padeciese ictericia, semejaba la fuente de la Alcachofa, rodeado de surtidores; y en cuanto a los pies, calzados con alpargatas que parecían de *terracuota*, al levantarse del suelo tenían apariencias de raíces de árbol, semovientes. Sí, parecía Chiripa un mísero arbolillo o arbusto, de cuyas cañas mustias y secas pendían míseros harapos puestos a... mojarse, o para convertir la planta muerta en espantapájaros. Un espantapájaro que andaba y corría, huyendo de la intemperie.

Tenía Chiripa cuarenta años, y tan poco había adelantado en su carrera de mozo de cordel, que la tenía casi abandonada, sin ningún género de derechos pasivos. Por eso andaba tan mal de fondos, y por eso aquella misma y trágica mañana le habían echado del infame zaquizamí en que dormía; porque se habían cansado de sus escándalos de trasnochador intemperante que no paga la posada en años y más años.

—Bueno, peor para ellos —se había dicho Chiripa sin saber lo que decía, y tendiéndose en el banco del paseo público, donde creyó hacer los huesos duros; hasta que vino a desengañarle la furia del cielo.

Así como los economistas dicen que la ley del trabajo es la satisfacción de las necesidades con el mínimo esfuerzo, Chiripa vagamente pensaba que lo del mínimo esfuerzo era lo principal, y que a él habían de amoldarse también las necesidades, siendo mínimas. Era distraído y bastante borracho; dormía mucho, y como tenía el estómago estropeado le dejaba vivir de ilusiones, de flatos y malos sabores, comida ruin y fría y mucho líquido tinto, y blanco si era aguardiente. Vestía de lo que dejaban otros miserables por inservible, y con el orgullo de esta parsimonia en los gastos, se creía con derecho a no echar mano a un baúl sino de Pascuas a Ramos y cuando una peseta era absolutamente necesaria.

Un día, viendo pasar una manifestación de obreros, a cuyo frente marchaba un estandarte que decía: «¡Ocho horas de trabajo!», Chiripa, estremeciéndose, pensó:

—¡Rediós, ocho horas de trabajo; y para eso tiran bombas! Con ocho horas tengo yo para toda la temporada de verano, que es la de más apuro, por los bañistas.

En llevando dos reales en el bolsillo, Chiripa no podía con una maleta, ni apenas tenerse derecho.

Pero tenía un valor pasivo, para el hambre y para el frío, que llegaba a heroico.

Generalmente andaba taciturno, tristón, y creía, con cierta vanidad, en su mala estrella, que él no llamaba así, tan poéticamente, sino la aporreada... en fin, una barbaridad.

Su apodo, Chiripa (el apellido no lo recordaba; el nombre debía de ser Bernardo, aunque no lo juraría), lo tenía desde la remota infancia, sin que él supiera por qué, como no saben los perros por qué los llaman *Nelson*, *Ney* o *Muley*; si él supiera lo que era sarcasmo por tal tendría su mote, porque sería el hombre menos *chiripero* del mundo. Ello era que hacía unos treinta años (todos de hambre y de frío) eran tres notabilidades callejeras, especie de mosqueteros del hampa, Pipá, Chiripa y Pijueta. La historia trágica de Pipá ya sabía Chiripa que había salido en papeles, pero la suya no saldría, porque él había sobrevivido a su gloria. Sus gracias de pillete infantil ya nadie las recordaba; su fama, que era casi disculpa para sus picardías, había muerto, se había desvanecido, como si los vecinos del pueblo, envejeciendo, se hubieran vuelto malhumorados y no estuvieran para bromas. Ya él mis-

mo se guardaba de disculpar sus malas obras y su holga-
zanería como gatadas de pillo célebre, como *cosas* de
Chiripa.

«¡Bah! el mundo era malo; y si te vi, no me acuerdo».
Veía pasar, ya llenos de canas, a los señoritos que antaño
reían sus travesuras y le pagaban sus vicios precoces;
pero no se acercaba a pedirles ni un perro chico, porque
no querrían ni reconocerle.

Que estaba solo en la tierra, bien lo sabía él. A veces se
le antojaba que un periódico, o un libro viejo y sobado
que oía deletrear a un obrero, hubiera sido para él un
buen amigo; pero no sabía leer. No sabía nada. Se arri-
maba a la esquina de la plaza, donde otros perdían el
tiempo fingiendo esperar trabajo, y oía, silencioso, con-
versaciones más o menos incoherentes acerca de política
o de la cuestión social. Nunca daba su opinión, pero la tenía. La principal era considerar un gran desatino el pedir
ocho horas de trabajo. Prefería, a oír disparates, que le le-
yeran los papeles. Entonces atendía más. Aquello solía estar mejor hilvanado. Pero ni siquiera los de las letras de
molde daban en el quid. Todos se quejaban de que se ganaba poco; todos decían que el jornal no bastaba para las
necesidades... Había exageración; ¡si fueran como él, que
vivía casi de nada! Oh, si él trabajara aquellas ocho horas
que los demás pedían como mínimum (él no pensaba *mínimum*, por supuesto), se tendría por millonario con lo
que entonces ganaría. «Todo se volvía pedir instrumentos
de trabajo, tierra, máquinas, capital... para trabajar. ¡Rediós con la manía!» Otra cosa les faltaba a los pobres que
nadie echaba de menos: consideración, respeto, lo que
Chiripa, con una palabra que había inventado él para sus
meditaciones de filósofo de cordel, llamaba *alternancia*.
¿Qué era la *alternancia*? Pues nada; lo que había predica-

do Cristo, según había oído algunas veces; aquel Cristo a quien él solo conocía, no para servirle, sino para llenarle de injurias, sin mala intención, por supuesto, sin pensar en Él; por hablar como hablaban los demás, y blasfemar como todos. La *alternancia* era el trato fino, la entrada libre en todas partes, el vivir mano a mano con los señores y entender de letra, y entrar en el teatro, aunque no se tuviera dinero, lo cual no tenía nada que ver con la gana de ilustrarse y divertirse. La *alternancia* no era excluir de todos los sitios amenos y calientes y agradables al hombre cubierto de andrajos, sólo por los andrajos. Ya que por lo visto iba para largo lo de que todos fuéramos iguales tocante al *cunquibus*, o sean los cuartos, la moneda, y pudiera cada quisque vestir con decencia y con ropa estrenada en su cuerpo; ya que no había bastante dinero para que a todos les tocase algo... ¿por qué no se establecía la igualdad y la fraternidad en todo lo demás, en lo que podía hacerse sin gastos, como era el llamarse ricos y pobres de tú, y convidarse a una copa, y enseñar cada cual lo que supiera a los pobres, y saludarlos con el sombrero, y dejarles sentarse junto al fuego, y pisar alfombras, y ser diputados y obispos, y en fin, darse la gran vida sin ofender, y hasta lavándose la cara a veces, si los otros tenían ciertos escrúpulos? Eso era la *alternancia*; eso había creído él que era el cristianismo y la democracia, y eso debía ser el socialismo... como ello mismo lo decía: socialismo... cosa de sociedad, de trato, de juntarse... *alternancia*.

Salió del quiosco de la música a escape, hecho una sopa, echando chispas contra el Fundador de la *alternancia* y contra su Padre, y se metió en la población en busca de mejor albergue. Pero todo estaba cerrado. A lo menos cerrado para él. Pasó junto a un café: no osó entrar. Aquello era público, pero a Chiripa le echarían los mozos en cuanto advirtiesen que iba tan sucio, tan harapiento que daba lástima, y que no iba a hacer el menor gasto. A un mozo de cordel en activo le dejarían entrar, pero a él, que estaba reducido a la categoría de pordiosero... honorario, porque no pedía limosna, aunque el *uniforme* era de eso, a él lo echarían poco menos que a palos. Lo sabía por experiencia... Pasó junto al Gobierno de provincia, donde estaba la *prevención*. Aquí me admitirían si estuviera borracho, pero en mi sano juicio y sin alguna fechoría, de ningún modo. No sabía Chiripa qué era todo lo demás que había en aquel caserón tan grande; para él todo era prevención; cosas para *prender*, o echar multas, o tallar a los chicos y llevarlos a la guerra. Pasó junto a la Universidad, en cuyo claustro se paseaban, mientras duraba la tormenta, algunos magistrados que no tenían que hacer en la Audiencia. No se le ocurrió entrar allí. Él no sabía leer siquiera, y allí dentro todos eran sabios. También le echarían los porteros. Pasó junto a la Audiencia... pero no era hora de oír a los testigos falsos, única misión decorosa que Chiripa podría llevar allí, pues la de *acusado* no lo era. Como testigo falso, sin darse cuenta de su delito, había jurado allí varias veces decir la verdad; y en efecto, siempre había dicho la verdad... de lo que le habían mandado decir. Vagamente se daba cuenta de que aquello estaba mal hecho, pero ¡era por unos motivos tan complicados! Además, cuando señoritos como el abogado, y el escribano y el procurador, y el ricacho le venían a pedir su testimonio, no sería la cosa tan mala; pues en todo el pueblo pasaban por caballeros los que le mandaban declarar lo que, después de todo, sería cierto cuando ellos lo decían.

Pasó junto a la Biblioteca. También era pública, pero no para los pobres de solemnidad, como él lo parecía. El instinto le decía que de aquel salón tan caliente, gracias a dos chimeneas que se veían desde la calle, le echarían también. Temerían que fuese a robar libros.

Pasó por el Banco, por el cuartel, por el teatro, por el hospital... todo lo mismo, para él cerrado. En todas partes había hombres con gorra de galones, para eso, para no dejar entrar a los Chiripas.

En las tiendas podía entrar... a condición de salir inmediatamente; en cuanto se averiguaba que no tenía que comprar cosa alguna, y eso que todas le faltaban. En las tabernas, algo por el estilo. ¡Ni en las tabernas había para él *alternancia*!

Y, a todo esto, el cielo desplomándose en chubascos, y él temblando de frío... calado hasta los huesos... Sólo Chiripa corría por las calles, como perseguido por el agua y el viento.

Llegó junto a una iglesia. Estaba abierta. Entró, anduvo hasta el altar mayor sin que nadie le dijera nada. Un sacristán o cosa así cruzó a su lado la nave y le miró sin extrañar su presencia, sin recelo, como a uno de tantos fieles. Allí cerca, junto al púlpito de la Epístola, vio Chiripa *otro* pordiosero de rodillas, abismado en la oración; era un viejo de barba blanca que suspiraba y tosía mucho. El templo resonaba con los chasquidos de la tos; cosa triste, molesta, que debía de importunar a los demás devotos esparcidos por naves y capillas; pero nadie protestaba, nadie paraba mientes en aquello.

Comparada con la calle, la iglesia estaba templada. Chiripa empezó a sentirse menos mal. Entró en una capilla y se sentó en un banco. Olía bien. «Era incienso, o cera, o todo junto y más; olía a recuerdos de chico». El chisporroteo de las velas tenía algo de hogar; los santos quietos, tranquilos, que le miraban con dulzura, le eran simpáticos. Un obispo con un sombrero de pastor en la mano, parecía saludarle, diciendo: —¡Bien venido, Chiripa! —Él, en justo pago, intentó santiguarse, pero no supo.

No sabía nada. Cuando la oscuridad de la capilla se fue aclarando a sus ojos, ya acostumbrados a la penumbra, distinguió el grupo de mujeres que en un rincón arrodilladas formaban corro junto a un confesonario. De vez en cuando un bulto negro se separaba del grupo y se acercaba al armatoste, del cual se apartaba otro bulto semejante.

—Ahí dentro habrá un *carca* —pensó Chiripa, sin ánimo de ofender al clero, creyendo sinceramente que *carca* valía tanto como sacerdote.

Le iba gustando aquello. «Pero ¡qué paciencia necesitaba aquel señor, para aguantar tanto tiempo dentro del armario! ¿Cuánto cobraría por aquello? Por de pronto, nada. Las beatas se iban sin pagar».

«Y nada. A él no le echaban de allí». Cuando la capilla fue quedando más despejada, pues las beatas que despachaban, a poco salían, Chiripa notó que las que aún quedaban, se fijaban en su presencia. «¿Si estaré faltando?» pensó; y por si acaso, se puso de rodillas. El ruido que hizo sobre la tarima llamó la atención del confesor, que asomó la cabeza por la portezuela que tenía delante y miró con atención a Chiripa.

«¿Iría a echarle?». Nada de eso. En cuanto el cura despachó a la penitente que tenía al otro lado del ventanillo con celosías, se asomó otra vez a la portezuela y con la mano hizo seña a Chiripa.

—¿Es a mí? —pensó el ex mozo de cordel.

A él era. Se puso colorado, cosa extraordinaria.

—¡Tiene gracia! —se dijo, pero con gran satisfacción, esponjándose—. Le llamaban a él creyendo que iba a confesarse, y le hacían pasar delante de las señoritas aquellas que estaban formando cola. ¡Cuánto honor para un Chiripa! En la vida le habían tratado así.

El cura insistió en su gesto, creyendo que Chiripa no lo notaba.

—¿Por qué no? —se dijo el perdis. Por probar de todo. Aquí no es como en el Ayuntamiento, donde yo quería que me diesen voto, *pa* ver lo que era eso del sufragio, y resultó que aunque era para todos, para mí no era, no sé por qué tiquis-miquis del padrón o su madre.

Y se levantó, y se fue a arrodillar en el sitio que dejaba libre la penitente.

—Por ahí, no; por aquí —dijo el sacerdote haciendo arrodillarse a chiripa delante de sus rodillas.

El miserable sintió una cosa extraña en el pecho y calor en las mejillas, entre vergüenza y desconocida ternura.

—Hijo mío, rece usted el acto de contricción.

—No lo sé —contestó Chiripa humilde, comprendiendo que allí habría que decir la verdad... verdadera, no como en la Audiencia. Además, aquello del *hijo mío* le había llegado al alma, y había que tomar la cosa en serio.

El cura le fue ayudando a recitar el *Señor mío Jesucristo*.

—¿Cuánto tiempo hace que no se ha confesado?

—Pues... *toa* la vida.

—¡Cómo!

—Que nunca.

Era un monte virgen de impiedad inconsciente. No tenía más que el bautismo; a la confirmación no había llegado. Nadie se había cuidado de su salvación, y él sólo había atendido, y mal, a no morirse de hambre.

El cura, varón prudente y piadoso, le fue guiando y enseñando lo que podía en tan breve término. Chiripa no resultaba un gran pecador más que desde el punto de vista de los pecados de omisión; fuera de eso, lo peor que tenía eran unas cuantas borracheras empalmadas, y la pícara blasfemia, tan brutal como falta de intención impía. Pero si jamás había confesado sus culpas, penitencia no le había faltado. Había ayunado bastante, y el frío y el agua y la dureza del santo suelo habían mortificado sus carnes no poco. En esta parte era recluta disponible para la vida del yermo; tenía cuerpo de anacoreta.

Poco a poco el corazón de Chiripa fue tomando parte en aquella conversión que el clérigo tan en serio y con toda buena fe procuraba. El corazón se convertía mucho mejor que la cabeza, que era muy dura y no entendía.

El clérigo le hacía repetir protestas de fe, de adhesión a la Iglesia, y Chiripa lo hacía todo de buen grado, pero quiso el cura algo más, que él espontáneamente expresara a su modo lo que sentía, su amor y fidelidad a la religión en cuyo seno se le albergaba. Entonces Chiripa, después de pensarlo, exclamó como inspirado:

—¡Viva *Carlos Sétimo*!

—¡No, hombre; no es eso...! No tanto —dijo el confesor sonriendo.

—Como a los carcas los llaman clerófobos...

—¡Tampoco, hombre!...

—Bueno, a los curas...

En fin, aplazando las cuestiones de pura forma y lenguaje, se convino en que Chiripa seguiría las elecciones del nuevo amigo, en aquel templo que había estado abierto para él cuando se le cerraban todas las puertas;

allí donde se había librado de los latigazos del aire y el agua.

—¿Conque te has hecho monago, Chiripa? —le decían otros hambrientos, burlándose de la seriedad con que, días y días, seguía tomando su conversión el pobre diablo.

Y Chiripa contestaba:

—Sí, no me avergüenzo; me he *pasao* a la Iglesia, porque allí a lo menos hay... *alternancia*.

Índice